120 SCOTCH POEMS

of

ROBERT BURNS

in

HIS OWN DIALECT

120 SCOTCH POEMS BY

ROBERT BURNS

in

HIS OWN DIALECT

Robert Pate

GCB

Copyright 1997
Robert Pate

ISBN 1 872350 32 1

Typeset & published by
G.C. Book Publishers Ltd
17 North Main Street
Wigtown,
Scotland DG8 9HL
email: sales@gcbooks.demon.co.uk
website: http://www.gcbooks.demon.co.uk
tel/fax 01988 40 2499
Printed and bound by Hartnolls Ltd, Bodmin, Cornwall

LETTER FROM BURNS

Mr WÏLLIUM NÏCOL. *Maister o' the Heich Skill Aidinburra*
Carlisle 1st Jin 1787—ur
       Ah believe the 39th Mey raithur

Kine oanist-hertit Wullie,
  Ah'm sïttin doon here, eftir seeven un foarty miles ridin', een is furjeskit un furnyaw't is a furfoachtun coack, tae gie yi some notion o' mah launlowper-lik stravaigin, sin the soarryfa oor thut Ah shuck hauns, un pairtit wi Aul Reekie.—
  Mah aul, gaw'd Gleyde o' a meer, his huchhyall't up hull un doon brae, ïn Scoatlun un Ïng-lun, as tyukh un bïrnie as a vurra deevil wi' mi.— Ït's true, shi'z as pair's a Sang-makar, un as hard's a kïrk, un tïppur-taippurs whun shi taks the gate furst, lik a Leddie's gentulwumman in a mïnuwae, ur a hen oan a het gïrdul, bit shi's a yaul, poothirie Gïrrun fithït; un his a stomach lik Wullie Staukurs's meer the wid hae digeestit tummlur-wheels, fur shi'll whup mi aff hur five stïmpurts o' the best aits ut a doon-sïttin, un neer fash hur thoom.— Whun yïnce hur rïngbanes, un spaivies, hur crucks un cramps, ur fair soopult, shi beets tae, beets tae, un ey the hinmust oor the tïchtist.— Ah cid wager hur price tae a thretty pennies thut, fur twaw ur three wicks ridin' ut fifty mile a day, the deel-stïckit a five gallopers acqueesh Clyde un Whithern cid cast saut in hur tail.—
  Ah hae daunnurt owre aw the kïntra fae Dumbaur tae Selcraig, un hae foargaithurt wi munny a gid falla, un munny a weelfaur't hizzie,— Ah met wi twaw dïnk quines ïn parteeklur, yïn o' thum a soansie, fine foajul lass, baith braw un boanie; the tithur, wis a clean-shankit, straucht, tïcht, weel-faur't wïnch, as bleyth's a lïntwhite oan a floo-ury thoarn, un as sweet un moadist's a new blaun plumrose in a haizle shaw.— They wur baith bred tae mainnurs bi the byuk, un oanie yïn o' thum hiz as muckle smeddum un rummulgumption as the hauf o' some Presbytries thut you un Ah baith ken.— They play't mi sic a deevul o' a shaivie, thut Ah daur say, ïf mah harigals wur turn't oot, yi wid see twaw nïcks i' the hert o' mi, lik the merk o' a kail-whuttul ïn a custuck.—

Ah wis gaun tae write yi a lang pissul, bit, Gid furgee mi, Ah gat mahsel sae nootooriously bïtchifye't the day, eftir kail-time, thut Ah cin haurly steitur but un ben.—

Mah best rispecks tae the gidwife, un aw oor coammun freens, ispecial Mr & Mrs Crickshank; un the oanist Gidman o' Joack's Ludge.—

Ah'll be ïn Dumfries the moarn, gïf the beast be tae the fore, un the branks bide hale.-

Gid be wi yi, Wullie! Amen

ROBt BURNS

INTRODUCTION

Robert Burns wrote the first edition of his *Poems, chiefly in the Scottish Dialect*, in 1786. In his Preface he states that:- " he sings the sentiments and manners he felt and saw in himself and his rustic compeers around him, in **his and their native language**." This language is still very much in use among ordinary people in West Central Scotland. Unfortunately, when one of Burns's poems is put in front of them, they tend to read in an Anglicised version of the language. For example, a short time ago, in Kilmarnock, I had to ask a traffic warden for directions. He said, "Gae up tae the lichts, turn richt, cairry oan past the bank tae the next lichts, turn left un tak the furst street oan the left the place is oan yur richt haun." This man and Burns would have had no difficulty in conversing with one another. However, if the instructions had been written down, the warden would have read them in a much more Anglicised fashion. Burns spells "lichts" as "lights". The warden would have tended to use the English pronunciation.

In spite of the effects of school, radio, television cinema and public performers, there is still a bedrock of proper vowel sounds to be built on. This bedrock I hope to use.

Just as today, in the early 1920s there was great concern that the Scotch language was dying rapidly. Some academics decided to do something about it. These included William Grant and Main Dixon, whose *Manual of Modern Scots* appeared in 1921, W. A. Craigie of Oxford University and members of the Vernacular Circle of the Burns Club of London. It is significant that the main impetus came from England, much of it from Oxford. Most of the books were printed by the Oxford University Press.

In 1915, Sir James Wilson had produced his book, "*LOWLAND SCOTCH as spoken in the Lower Strathearn District of Perthshire.*" This book proved to be so successful that he was encouraged to produce a similar one on Ayrshire. The outcome was " *THE DIALECT OF ROBERT BURNS as spoken in Central Ayrshire* " in 1923. For anyone who wishes to study Burns and his dialect, this is essential reading. I cannot over estimate the debt I owe to Sir James Wilson. In 1925 came his, "*Scottish Poems of ROBERT BURNS in his Native Dialect.*"

Sir James produced his own variety of an idiosyncraticphonetics. Once I had mastered them I realised that he was writing in my own dialect. He had collected his material largely from people who had been alive in the mid-nineteenth Century. It dawned on me that I too had learned much of mine from people who also had been alive at that time. For example my Great Grandmother who sometimes stayed with us. She was born in the eighteen-forties. Unlike Sir James who was consciously learning the dialect, I was just soaking it up as a child. The fact that virtually all the people round about used the same speech helped considerably. The differences between my speech outside school and that of Robert Burns were minuscule. I did not, however, have the range of his rural vocabulary.

In the past seventy years much seems to have been lost, especially in academic circles. After having attended many lectures given by some of the most famous experts in Scotland and overseas I have been much perturbed at the more or less constant mispronunciations coming even from such professional students of Burns. The literary and background material has been superb, but the oral/aural side is sadly wanting. My intention is to return the proper sounds to their proper place. If a lecturer on French Literature had referred to Molière as "Moh-liar" he would have been greeted with hoots of derision. Yet Scots allow Burns to be referred to as "Böhns and do nothing. The second is just as reprehensible as the first. My intention is to return the proper sounds to their proper place. This book, if used properly, will return the correct pronunciation to its own home of Scotland. The Burns entertainment industry will find this book of immense value if they have any intention of accuracy in presentation.

Burns, of course mixed up both English and Scotch in his works. He always used the word he felt was best. For example in "Scots wha' hae", he uses Scotch in the title, but three English rhymes in the last verse. Today there is a tendency, where there is even the slightest doubt, to use the English pronunciation. I do not subscribe to this fashion. I use Scotch wherever possible. He also pronounced many English words in the Scottish fashion, as did so many others, both in his day and ours. This is demostrated in the second verse of "To a Mouse".

For years, in the national and local press, I have tried to promote the return to the real dialect. I have had considerable encouragement from ordinary people, many of whom still use Scotch in their normal lives. Sir James had some difficulty in reproducing the correct vowel sounds. My hope is that I have overcome his difficulty, thus making this book suitable for academic and ordinary Burns enthusiast alike.

Readers will have noticed my use of the appellation "Scotch" insted of the modern frequently used "Scots". I have long since realised that most of those who use "Scots" cannot pronounce it correctly. In my young day we used:-

"Scotland" (Scoatlun) for the country. "Scots" (Scoats) for the folk who lived there, and "Scotch" (Scoatch) for the language. That was the general trend. It was good enough for eminent Scots for many years. It is good enough for me, but not mandatory.

My thanks go to the memory of Sir James Wilson, and the lucky chance when I discovered his books, from which I realised that the way I had been taught to recite Burns as a boy, is the correct way.

ROBERT PATE
Minnigaff
1997

THE PHONETICS

I have tried to keep the phonetic symbols as "eye-friendly" as possible. To do this I have found it better not to use the same letters for the same sound throughout the work. This does not mean that the arrangements are totally haphazard.

For example, The vowel sound in the word "bike", is shown as "ei" in the middle of a word, but "ey" at the end of a word and indeed as the word "ey". This is only used in words where there might be confusion. I, however show the word "bike" as "bike'. Scots have no difficulty in getting that correct. For the same reason I show such as "mine" for "mind", knowing that most Scots will get that correct. The sound is still the norm in most of Scotland. Similarly the vowel sound in the English word "ball" is shown as "au" in the middle of a word and "aw" at the end. This is shown in "baurd" for "bard", but "haw" for "hall". On testing with friends, this seemed to be easier to understand.

A very common sound in Scots which does not normally appear in English is the first vowel which appears in the word "never". This is the vowel which is in the Scots word for "sit". As I could find no other suitable alphabet letter, I have used " ï ". "Never" would become "Nïvvur". Another example is "sït" - - to sit down. Where "sit" is pronounced as in English, it might be written by Burns as "soot" or "suit". Watch carefully for the difference between "i" and "ï".

I have also used the dieresis over the letter "o" i.e. "ö". This gives the same sound as in Northern Europe, or French "oeuf". The English word "curb" is close. In "Tam o' Shanter" for example I make "foord" into "förd", and "smoor'd" into "smör'd". These sounds are still in use. Here I have diverged from Wilson, who uses "ai". The word "muse" has been pronounced "maiz", elsewhere and I have kept that although my own instinct would have been to use "möz". Both sounds are common with "use". For example the word "use" is pronounced "yöss" *n.* but "yaiz" *v.*

The "ch" sound in Scots I have also treated in two different ways. All over the country this sound is pronounced correctly in such words as "nicht" and "bricht". I, therefore saw no reason to change that. The difficulty comes where "ch" comes elsewhere eg.

the end. I have got over this by using the same method as Sir James Wilson, ie. "kh". This would make "loch" into "lokh". The normal way to pronounce "wh" in Scotland is as "hw", not as in England where it is "w". In England there is no distinction between "Whales and Wales" They are quite distinct in Scotland. Hence I have left "wh" unaltered in all such words.

These phonetics should present little difficulty to the average Scot. The ordinary Burns lover will find my approach easy to use.

INDEX

A Bard's Epitaph	179
A Lass Wi' a Tocher	176
A Red Red Rose	140
A Waukrife Minnie	159
Address To a Haggis	19
Address To a Louse	21
Address To a Mouse	22
Address To Scotch Drink	16
Address To The Deil	25
Address To The Toothache	24
Address To The Unco Guid	29
Ae Fond Kliss	112
Auld Lang Syne	113
Awa' Whigs Awa'	114
Ay Waukin O	143
Bannocks O' Bear Meal	170
Beware Of Bonie Ann	156
Blythe Was She	114
Bonie Dundee	152
Bonie Wee Thing	143
Braw John Highlandman	87
Broom Besoms	155
Ca' The Yowes 1	134
Ca' The Yowes 2	135
Clout The Cauldron	90
Comin' Thro' The Rye	136
Corn Rigs	145
Death And Dr. Hornbook	76
Duncan Davison	115
Duncan Gray 1	116
Duncan Gray 2	117
Epistle To A Young Friend	50
Epistle To Davie	31
Epistle To Davie 2	36
Epistle To J. Lapraik	43
Epistle To J. Lapraik 2	47
Epistle To James Smith	38
Eppie Macnab	161

For A' That	91
For The Sake Of Somebody	140
Galla Water	137
Green Grow The Rashes O	150
Guidwife, Count The Lawin	160
Had I The Wyte	165
Halloween	60
Here's To Thy Health	171
Hey How Johnie Lad	118
Holy Willie's Prayer	73
I'm Owre Young To Marry Yet	153
In Simmer When The Hay Was Mown	162
Is There For Honest Poverty	147
Jockie Was The Blythest Lad	158
John Anderson	119
Jumping John	119
Killiiecrankie	147
Lassie Lend Me Your Braw Hemp Heckle	151
Let Love Sparkle	180
Love And Liberty	84
Lovely Polly Stewart	169
Macpherson's Farewell	120
Mary Morison	138
Meg O' The Mill	175
Meg O' The Mill 2	178
My Hoggie	121
My Lord A-Hunting	174
My Love, She's But A Lassie Yet	156
My Nanie O	149
My Nanie's Awa'	139
My Tocher The Jewel	160
O Tibbie I Hae Seen The Day	122
O Whistle And I'll Come To Ye My Lad	144
O Merry Hae I Been	157
O, An Ye Were Dead, Guidman	164
O For Ane And Twenty, Tam	132
O, Galloway Tam Cam Here To Woo	154
O, Guid Ale Comes	173
O, Lay Thy Loof In Mine Lass	175
O, Let Me In This Ae Night	177

O, Wat Ye Wha's In Yon Town	168
O, Wert Thou In The Cauld Blast	121
Of A' The Airts	132
On A Scotch Bard	96
On Captain Grose	58
One Night As I Did Wander	180
Poor Mailie's Elegy	95
Robin Shure In Hairst	173
Saw Ye Bonie Lesley	133
Scotch Drink	16
Scots Wha' Hae	125
She's Fair And Fause	163
Sodger Laddie	85
Steer Her Up	172
Sweet Tibbie Dunbar	154
Tam Glen	141
Tam O' Shanter	98
The Auld Farmer To His Auld Gray Mare	53
The Banks O' Doon	131
The Blue Eyed Lassie	144
The Cooper O'Cuddy	167
The Death And Dying Words Of Poor Mailie	93
The Deil's Awa' Wi The Exciseman	146
The Holy Fair	67
The Inventory	82
The Lass O' Ecclefechan	166
The Lea-Rig	138
The Rantin Dog The Daddie O't	158
The Ronalds Of The Bennals	56
The Tailor	170
The Tarbolton Lasses	151
The Twa Dogs	104
The Weary Pund O' Tow	127
Theniel Menzies' Bonie Mary	126
There Grows A Bonie Brier Bush	171
There Was A Lad	124
There's Cauld Kail In Aberdeen	155
This Is No My Ain Lassie	122
To Daunton Me	128
To The Weavers Gin Ye Go	152

Up In The Morning Early	129
Wandering Willie	142
Wha Is That At My Bower Door	161
Whistle O'er The Lave O't	130
Whistle O'er The Lave O't 2	89
Willie Brewed A Peck O' Maut	130
Willie Wastle	126
Ye Flowery Banks	136
Young Jamie	166

ADDRESSES

SCOTCH DRINK
SCOATCH DRÏNK

1. Let ither poets raise a fracas
   'Boot vines un wines ,un drucken Bacchus,
   Un crabbit names un stories wrack us,
   Un grate oor lug;
   Ah sïng the jiss Scoatch beer cin mak us,
   Ïn gless ur joog.

2. O thoo, mah Maiz! gid aul Scoatch drïnk!
   Whither thro' wïmplin worms thoo jïnk,
   Ur, richly broon, ream owre the brïnk,
   Ïn glorious faem,
   Inspire me, tull Ah lïsp un wïnk,
   Tae sïng thy name!

3. Lit husky wheat the hauchs udoarn,
   Un aits set up thur awnie hoarn,
   Un pease un beans, at e'en ur moarn,
   Purfyim the plain;
   Leeze me o'n thee, Joan Baurliecoarn,
   Thoo keeng o' grain!

4. O'n thee aft Scoatlun chows hur cid,
   In soople scoans, the wale o fid!
   Ur tummlin in the beylin flid
   Wi kail un beef;
   Bit whan thoo poors thy stroang hert's blid,
   There thoo shines chief.

5. Fid fuls the wame, un keeps us leevin,
   Tho life's a gift no worth riceivin,
   Whan heavy-dragg't wi pine un grievin;
   Bit eyl't bi thee,
   The wheels o' life gae doon-hul, scrievin,
   Wi rattlin glee.

6   Thoo clears the heid o' deitit Lair,
         Thoo cheers the hert o' droopin Care;
         Thoo strings the nerves o' Laibur sair,
         At's weary tile;
         Thoo ev'n brichtuns daurk Dispair
         Wi' gloomy smile.

7   Aft, cled in massy sullur weed,
         Wi' Jentuls thoo eerecks thy heid;
         Yit, hummly kine in time o' need,
         The pair man's wine:
         His wee drap purritch, ur his breed,
         Thoo kitchens fine.

8   Thoo urt the life o' public hants:
         But thee, whit wur oor fairs un rants?
         Een goadly meetins o' the saunts,
         Bi thee inspire't,
         Whan, gapin', they besiege the tents,
         Ur doobly fire't.

9   That mairry nicht we git the coarn in,
         O sweetly, than, thoo reams the hoarn in!
         Ur reekin oan a New-Year moarnin
         In coag ur bickur,
         Un jist a wee drap speerityual burn in,
         Un gusty suckur

10   Whun Vulcan gies his bellies braith,
         Un ploomin gethur wi' thur graith,
         O rare! tae see thee fizz un fraith
         I' th' luggit caup!
         Than Burniewin comes oan lik Daith
         At ivry chap.

11   Nae maircy, than, fur airn ur steel:
         The brawnie, bainie, ploomun chiel,
         Brings hard owrehip, wi' sturdy wheel,
         The stroang forehemmur,
         Tul bloack un studdie ring un reel,
         Wi' dinsome clemmur.

12   Whan skïrlin wainies see the lïcht,
     Thoo maks the goassips clatter brïcht,
     Hoo fummlin kiffs thur dearies slïcht;
     Wae worth the name!
     Nae howdie gïts a social nïcht,
     Ur plack fae thaim.

13   Whan neeburs ang-ur ut a plea,
     Un jist as wud as wud cïn be,
     Hoo easy cïn the baurley-bree
     Ciment the quaarrul!
     It's aye the chaipist law-wur's fee,
     Tae taste the barrul.

14   Alake! thït eer mah Maize his raisun,
     Tae wyte hur kïntramen wi' traisun!
     Bit munny daily weet thur waisun
     Wi' leekurs nice,
     Un haurly, in a wïntur saison,
     Eer speer hur price.

15   Wae worth that brandy, burnin trash!
     Fell soorce o' munny a pain un brash!
     Twïns munny a pair deyle't, drucken hash,
     O' hauf hïs days;
     Un senns, biside, aul Scoatlun's cash
     Tae hur waarst faes.

16   Yi Scoats, whaw wïsh aul Scoatlun weel!
     Yi chief, tae yi mah tale Ah tell,
     Pair, placklus deevils lik mahsel!
     It sets yi ull,
     Wi bïtter dairthfa wines tae mell,
     Ur foarinn jull.

17   Mey graivuls roon his blether wrïnch,
     Un gowts toarment hïm, ïnch bi ïnch,
     Whaw twïsts his gruntul wi' a glunch
     O' soor disdain,
     Oot owre a gless o' whusky-punch
     Wi oanest man!

18   O Whusky! Saul o' plays un pranks!
     Accep a Baurdie's gratefa thanks!
     Whan waantin thee, whit tinless cranks
     Ur mah pair verses!
     Thoo comes— they rattul i thur ranks
     It ithur's erses!

19   Thee, Ferintoash! O sadly loast!
     Scotlun lament fae coast tae coast!
     Noo coalic grups, un barkin hoast
     Mey kull us aw;
     Fur loayul Foarbis' charturt boast
     Is tain uwaw!

20   Thae curst hoarse-leeches o' th' Exceiss,
     Whaw mak the whusky stells thur preiss!
     Haud up thy haun, Deil! yince, twice, thrice!
     There, seize the blinkurrs!
     Un bake thum up in brunstane pies
     Fur pair damn't drinkurs.

21   Foartin! if thoo'll bit gie me stull
     Hale breeks, a scoan, un whusky jull,
     Un rowth o' rhyme tae rave ut wull,
     Tak aw the rest,
     Un dail't uboot as thy blin skull
     Direcks thee best.

TO A HAGGIS
TAE A HAGGIS

1   Fair faw yur oanist, soansie face,
    Great chieftun o' the pudd-in race!
    Ubin thum aw yi tak yur place,
    Painch, tripe, ur thairm:
    Weel ur yi wordy o' a grace
    As lang's mah airm.

2   The grainin trunshur there yi fuhl,
      Yur hurdies lik a dïstant huhl,
      Yur peen wud help tae menn a muhl
      Ïn time o' need,
      While thro' yur pores the dews distuhl
      Lik lammur bead.

3   His knife see rustic labour dïcht,
      Un cut yi up wi ready slïcht,
      Trïnchin yur gushin entrails brïcht,
      Lik oanie dïtch;
      Un than, O' whit a glorious sïcht,
      Waarum-reekin, rïch.

4   Than, hoarn fur hoarn, they streetch un strive;
      Deil tak the hinmust, oan they drive,
      Tuhl aw thur weel-swaalt kytes bilive
      Ur bent lik drums;
      Than oor Gidman, maist like tae rive,
      'Bethankit!' hums.

5   Ïs thur thut owre hïs French ragoo,
      Ur oalio' thut wud staw a soo,
      Ur fricassee wud mak hur spew
      Wi perfeck scunner,
      Luks doon wi sneerin scoarn-fa view
      O'n sic a dïnnur?

6   Pair deevil! see um owre hïs trash,
      As feckless as a wither't rash,
      His spinnle shank a gid whup-lash,
      His nieve a nït;
      Thro' bliddy flid ur field tae dash,
      O hoo unfit!

7   Bit merk the Rustic, haggis fed,
      The trummlin yurth rizoons his tred,,
      Clap in his waalie nieve a bled,
      He'll mak it whussul;
      Un legs, un airms, un heeds wull sned
      Lik taps o' thrussul.

8   Yee Poo'urs, whaw mak man-kine yur care,
    Un dïsh thum oot thur buhl o' fare,
    Aul Scoatlun waants nae skïnkin ware,
    Thut jaups ïn luggies;
    Bit, ïf yi wïsh hur graitfa prayer,
    Gie hur a Haggis!

TO A LOUSE
                    TAE A LOOSS

1   Ha! Whaur yi gaun, yi crowe-lin ferlie?
    Yur impidince proatecks yi sairly,
    Ah canna say bit yi strunt rarely
    Owre gawze un lace,
    Tho' faith! Ah fear yi dine bit sparely
    Oan sïc a place

2   Yi ugly, creepin, blastit wunnur,
    Detestit, shun't bi saunt un sïnnur,
    Hoo daur yi set yur fit upoan hur—
    Sae fine a leddie!
    Gae somewhaur else un seek yur dïnnur
    Oan some pair buddie.

3   Swith! ïn some beggar's haffet squattul:
    There yi mey creep, un crawl, un sprattul,
    Wi ïther kïndrid, jumpin cattle,
    Ïn shoals un nations;
    Whaur hoarn nur bane neer daur unsettle
    Yur thïck plantations.

4   Noo haud yi there! Yuh're oot o' sïcht,
    Ublo' the fatt'ruls, snug un tïcht;
    Na, faith yi yït! yi'll no be rïcht,
    Tull yi've goat oan ït—
    The vurra tapmust, too'rin hïcht
    O' Mïss's bunnet.

5   Mah sith! rïcht baul yi set yur nose oot,
      As plump un grey as oanie groazit:
      O' fur some rank, mercurial roazit,
      Ur fell, rid smeddum,
      Ah'd gie yi sïc a herty dose o't,
      Wud dress yur droadum!

6   Ah wud-na been surpreiss't tae spey
      Yi oan an aul wife's flennun toay;
      Ur aiblins some bït duddie boay,
      Oan's wyliecoat;
      Bit Mïss's fine Loonardie! fey!
      Hoo daur yi dae't?

7   O Jenny, dinna toass yur heed,
      Un set yur beauties aw ubreed !
      Yi lïttle ken whit curse-it speed
      The blastie's mackin!
      Thae wïnks un fïng-er-enns, Ah dreed,
      Ur notice tackin!

8   O wud some Poo'r the gïftie gie us
      Tae see oorsels as ithers see us!
      Ït wud fae munny a blunner free us,
      Un fillish notion:
      Whit airs ïn dress un gait wud lea'e us,
      Un een devotion!

TO A MOUSE
                    TAE A MOOSE

1   Wee, sleekit, coo'rin, timrus beestie,
      O' whit a panic's ïn thy breestie!
      Thoo neednay stert uwaw sae hasty,
      Wi bïckurin brattul!
      Ah wud be laith tae rïn un chase thee,
      Wi murthurin pattul!

2   Ah'm truly soary Man's domïnyun
        Hiz broken Naitur's soashul yïnyun,
        Un justifeez that ull opïnyun,
        Thut maks thee stertul,
        Ut mee, thy pair, yïrth-boarn coampanyun,
        Un falla-moartul!

3   Ah dootnay, whiles, bit thoo mey thieve;
        Whit than? pair beestie, thoo mun leeve!
        A daimun ïckur ïn a thrave
        'Z a smaw riquest:
        Ah'll gït a blïssin wi the lave,
        Un nïvvur mïss't!

4   Thy wee bït hoosie, tae, ïn ruin!
        Its sully waws the wunz ur stroo'in!
        Un naethin, noo,- tae bïg a new yin-
        O fuggidge green!
        Un bleek Dizembur's wunz insoo'in,
        Baith snell un keen!

5   Thoo saw the feelz laid bare un waast,
        Un weary wuntur comin' fast,
        Un cosy here, beneath the blast,
        Thoo thoacht tae dwaal
        Tul crash! the cruel cootur past
        Oot thro' thy cell.

6   That wee-bït heap o leefs un stïbble,
        Hiz coast thee munnie a weary nïbble!
        Noo thoo's turnt oot, fur aw thy trïbble,
        But hoose ur haul,
        Tae thole the wuntur's sleety drïbble,
        Un crawnrukh caul!

7   Bit Moossie, thoo urt no thy lane,
        In pröv'n foresïcht mey be vain:
        The best-laid scaims o' mice un men,
        Gang aft ugley,
        Un lee us noacht bit greef un pain,
        Fur proamist jey!

8   Stuhl, thoo urt blist, cumpair't wi me!
     The praisunt only touchith thee:
     Bit Oach! Ah backwurt cast mah ee,
     Oan proaspicks dreer!
     Un furrit, tho' Ah cannay see,
     Ah guess un fear!

TO THE TOOTHACHE
TAE THE TITHAIK

1   Mah curse upoan yur vennumt stang,
     Thut shits mah toarturt gïms ulang;
     Un through mah lugs gies munny a twang,
     Wi gnawin venge-ince;
     Teerin mah nerves wi bïttur pang
     Lik rackin ïnjins!

2   Whun fivvurs burn, ur aigie freezes,
     Rheumatics gnaw, ur coalic squeezes,
     Oor neebur's sympathy mey ease us,
     Wi peety-in main;
     Bit thee—thoo hell o' aw diseases,
     Ey moacks oor grain!

3   Udoon mah baird the slaivurs trïckul!
     Ah throw the wee stills owre the muckle,
     As roon the fire the geegluts keckul,
     Tae see mi lowp;
     While raivin mad, Ah wïsh a heckul
     Wur ïn thur dowp!

4   O' aw the num'rous human dills,
     Ull hairsts, daft baurgins, cutty-stills,
     Ur worthy frens raik't i the mills,
     Sad sïcht tae see!
     The trïcks o' knaves, ur fash o' fills—
     Thoo beerst the gree.

5 Whaureer thut place be priests caw hell,
  Whunce aw the tones o' meezrie yell,
  Un rankit plagues thur nummurs tell,
   In dreedfa raw,
  Thoo, TITHAIK, shairly beerst the bell
  Umang thum aw!

6 O' thoo grim mischief-mackin cheel,
  Thut gaurs the notes o' discoard squeel,
  'Tull daft man-kine dance a reel
   In gore a shae-thick;-
  Gie aw the faes o' SCOATLUN's weel
  A towe-munt's Tithaik!

TO THE DEIL
     TAE THE DEEL

1 O' thoo, whitivvu title sit thi!
  Aul Hoarnie, Sautun, Nick ur Clittie,
  Whaw in yoan cauvurn grim un sittie,
   Cloas't unnur hatches,
  Spairgies Uboot the brumstun kittie,
  Tae scaud pair wratches!

2 Hear me, aul Hingie, fur a wee,
  Un lit pair, dammit buddies be;
  Ah'm shair smaw pleezhur it cin gie,
   Een tae a deel,
  Tae skelp un scaud pair dugs lik me,
  Un hear us squeel!

3 Great is thy poo'r, un great thy fame;
  Faur kent un noatit is thy name;
  Un tho' yoan lowe-in hyukh's thy hame,
   Thoo traivuls faur;
  Un faith! thoo's naithur lag nur lame,
  Nur blate nur scaur.

4   Whyles, range-in lik a rairin lion,
    Fur prey, aw holes un coarnurs tryin;
    Whyles, oan the stroang-wing't Tempist flee-in,
    Tirlin the kirks;
    Whyles, in the humun boazum pree-in,
    Unseen thoo lurks.

5   Ah've haird mah rev'runt Graunie say,
    In lanely glens yi like tae stray;
    Ur whaur aul ruin't castles, gray,
    Noad tae the min,
    Yi fricht the nichtly waunurur's wey,
    Wi elritch crin.

6   Whun twylicht did mah Graunie summun,
    Tae say hur pray'rs, dooce, oanust wummun!
    Aft 'yoant the dyke shi's haird yi bummin,
    Wi eerie drone;
    Ur, russlin, thro' the boortrees cummin,
    Wi heavy grain.

7   Yae dreary, wunnie, wintur nicht,
    The staurs shoat doonwi sklentin licht,
    Wi yi, mahsel, Ah goat a fricht,
    Uyoant the loakh;
    Ye, lik a rash-buss, stid in sicht,
    Wi waivin sookh.

8   The cudgel in mah neeve did shake,
    Ilk brissult hair stid lik a snake,
    Whan wi un elritch, stoor quaick, quaick,
    Umang the springs,
    Uwaw yi squaaturt lik a drake,
    Oan whusslun wings.

9   Lit Waarluks grim, un withurt Hags,
    Tell hoo wi you oan ragweed naigs,
    They skim he mairs un dizzy craigs,
    Wi wickit speed;
    Un in the kirk-yairds rinew thur leagues,
    Owre howe-kit deed.

10 Thence, kïntra wifes, wi tile un pain,
    Mey ploonge un ploonge the kïrn ïn vain;
    Fur Oh! the yella treezhur's tain
    Bi wïtchin skull;
    Un dautit, twaal-pint Hawkie's gane
    As yell's the buhl.

11 Thence mïstic knoats mak great ubyiss
    Oan young gidmen, foand, keen un crooss;
    Whun the best waark-lim i' the hoose,
    Bi cantraip wït,
    Ïs ïnstunt made no worth a looss,
    Jist at the bït.

12 Whun thowes dissoalve the snawie hörd,
    Un float the jïng-lin icy börd,
    Than, waattur-kelpies hant the förd,
    Bi yur dirreckshun,
    Un nïchtit traivlurs ur ullör't
    Tae thur districkshun.

13 Un aft yur moass-travairsin Spunkies
    Dicoay the wïcht thut late un drunk ïs:
    The bleezin, curst, mischeevus monkies
    Dilude hïs een,
    Tull ïn some miry slukh hi sunk ïs,
    Neer mair tae rise.

14 Whun MAISSUNS' mïstic word un grup,
    Ïn stoarums un tempists raise yi up,
    Some coack ur cat yur rage mun stoap,
    Ur, strange tae tell!
    The yung-ist Brithur yi wud whup
    Aff straucht tae Hell!

15 Lang syne ïn EDEN's boanie yaird,
    Whun yithfa lovers furst wur pair't,
    Un aw the saul o' löv they share't,
    The raptur't oor,
    Sweet oan the fragrunt floo'ry swaird,
    Ïn shady boo-ur.

16 Than you, yi aul, snïck-drawin dug!
    Yi cam tae Paradise ïncoag,
    Un play't oan man a cursit brogue,
    (Black be yur faw!)
    Un gied the ïnfunt waurl a shoag,
    'Maist ruin't aw.

17 D'yi mine thut day, whun ïn a bïzz,
    Wi reekit duds un reestit gizz,
    Yi dïd prisent yur smootie phiz,
    'Mang better folk,
    Un sklentit o'n the man o' Uzz,
    Yur spitefa joke?

18 Un hoo yi gat hïm ïn yur thrall,
    Un brak hïm oot o' hoose un haw,
    While scabs un boatchies dïd hïm gaw,
    Wi bïttur claw,
    Un lowe-st hïs ull-tongue't, wïckit Scawl
    Wis waarst uvaw?

19 Bit aw yur dae-ins tae rihairce,
    Yur wily snares un fechtin fairce,
    Sin thut day MIKKUL dïd yi pairce,
    Doon tae thïs time,
    Wud dïng a Laulun tongue, ur Erse,
    Ïn prose ur rhyme.

20 Un noo aul Clits, Ah ken yuh're thïnkin,
    A certain Baurdie's rantin, drïnkin,
    Some luckluss oor wull sen hïm lïnkin,
    Tae yur black pït;
    Bit faith! he'll turn a coarnur jïnkin,
    Un chait yi yït.

21 Bit fare-yi-weel, aul Nïckie-ben!
    O' wud yi tak a thoacht un men!
    Yi aiblins mïcht—Ah dinna ken—
    Stuhl hae a stake—
    Ah'm wae tae thïnk upoa yoan den,
    Een fur yur sake!

TO THE UNCO GUID
TAE THE UNCA GID

1 O' ye, whaw ur sae gid yursel,
  Sae pious un sae haly,
  Yi've noacht tae dae bit merk un tell
  Yur neeburs' fauts un foally;
  Whaws life ïs lik a weel-gaun mull,
  Supply't wi store o' waattur;
  The heapit happur's ebbin stull,
  Un stull the clap plays clattur!

2 Hear me, yi veneruble core,
  As coonsul fur pair moartuls
  Thut frequunt pass dooce Wïsdum's door
  Fur glaikit Foally's poartuls:
  Ah fur thur thoachtluss, careluss sakes
  Wud here propone difences-
  Thur doansie trïcks, thur black mïstakes,
  Thur failins un mïschances.

3 Yi see yur state wi thurs cumpairt,
  Un cast a moamunt's fair rigard,
  Whit maks the mïchty dïffur?
  Discoont whit scant oacaizhun gave;
  Thut purity yi pride ïn;
  Un (whit's aft mair thun aw the lave)
  Yur bettur airt o' hidin'.

4 Thïnk, whun yur castigaitit pulse
  Gies noo un than a waalup,
  Whit raijins mun hïs veins coanvulse,
  Thut stull eternul gallup!
  Wi wun un tide fair ï' yur tail,
  Rïcht oan yi scud yur sea-wey;
  Bit ïn the teeth o' baith tae sail,
  Ït maks un unca lee-wey.

5   See Social-life un Glee sït doon
       Aw jeyous un unthïnkin,
       Tull, quite transmugrifeed, thuh'r growe-n
       Dibauchury un Drïnkin:
       O', wid they stey tae calculate,
       Th'iternul coansiquences,
       Ur- yur mair dreedit hell tae state-
       Damnation o' expenses!

6   Yi heikh, ixaaltit, vïrtuous dames,
       Tie-t up ïn goadly laces,
       Ufore yi gie pair Frailty names,
       Suppose a cheinge o' cases:
       A dear-love't laud, cunveniunce snug,
       A treechurus ïnclination-
       Bit, lit mi whuspur ï' yur lug,
       Yuh're aiblïns nae temptation.

7   Than gently scan yur brïthur man,
       Stull gentlur sïstur wummun;
       Tho' they mey gang a kennin wrang,
       Tae step uside ïs human:
       Waan pint mun stull be gently daurk,
       The movin' whey they dae ït;
       Un jist a lamely cïn yi merk
       Hoo faur purhaps they rue ït.

8   Whaw made the hert, 'tïs He ulane
       Dicidedly cïn try us:
       He kens each coard, ïts various tone,
       Each sprïng, ïts various bias:
       Than at the balance lit's be mute,
       We nïvvur cïn adjust ït;
       Whit's din wi pairtly mey coampute,
       Bit kens no whit's risistit.

EPISTLES

TO DAVIE, A BROTHER POET
TAE DAVIE, A BRITHUR POET

While wuns fae aff Ben Loamun blaw,
Un baur the doors wi drivin' snaw,
Un hïng us ower the ïng-ul,
Ah set me doon tae pass the time,
Un spïn a vairse ur twaw oh rhyme,
In hamely waslun jïng-ul.
While froastie wuns blaw in the drïft,
Ben tae the chimla lug,
Ah grudge a wee the Great-folks' gïft,
Thut leeve sae been un snug:
Ah tent less, un waant less
Thur roomy fire-side;
Bit hankur, un cankur,
Tae see thur cursit pride.

It's haurly in a buddie's poo'r
Tae keep, ut times fae beein soor,
Tae see hoo things ur shairt;
Hoo best o' cheels ur whiles in waant,
While kiffs oan coontlus thoozunz rant,
Un ken na hoo tae wair't:
Bit Davie laud, neer fash yur heed,
We're fït tae wïn oor daily breed,
As lang's we're hale un feer;
'Mair speer na, nur fear na,'
Aul age neer mine a feg;
The last o't, the warst o't,
Is only bit tae beg.

Tae lie in kulls un baurns ut een,
Whan banes ur craz'd, un blid is thïn,
Is, dootlus, great dïstress!
Yït than coantent could mak us blest;
Een than, sometimes we'd snatch a taste
O' truest happiness.
The oanist hert thït's free fae aw
Intendit fraud ur guile,
Hoo-ïvur Foartin kïck the baw,
Hiz ey some cause tae smile:
Un mine stull, yi'll fun stull,
A comfort thïs, nae smaw;
Nae mair than, we'll care than;
Nae faurur we cïn faw.

Whit though, lik Coammunurs o' air,
We waunnur oot, we kenna whaur,
But aithur hoose ur haw?
Yït Naitur's chairms, the hulls un wids,
The sweepin vales, un foamin flids
Ur free alike tae aw.
Ïn days whan Daisies deck the grun,
Un Blackburds whussle clear,
Wi oanist jey oor herts wull boon,
Tae see the cummin year:
Oan braes whan we please than
We'll sït un sowth a tin;
Sine rhyme till't, weel time till't,
Un sïng whan we hae din.

It's no ïn titles nur ïn rank;
It's no ïn waalth like Lunnun bank,
Tae purchase peace un rest;
It's no ïn makkin muckle, mair;
It's no ïn byucks; it's no ïn lair,
Tae mak us truly blïst:
If Happiness hae no hur sait
Un centre ïn the breest,
We mey be weiss, ur rïch, ur great,
Bit nïvvur cin be blïst:
Nae treezhurs, nur pleezhurs
Cud mak us happy lang;
The hert ey'z the pairt ey,
Thut maks us rïcht ur wrang.

Thïnk yi thut sic as you un I
Whaw drudge un drive thro' waat un dry,
Wi nïvvur-ceasin tile;
Thïnk yi, ur we less blïst thun they,
Whaw scarcely tent us ïn thur wey,
As haurly worth thur while?
Alas! hoo aft, ïn hauchty mid,
GOAD's craiturs they oappress!
Ur else, nigleckin aw thut's gid,
They riot ïn excess!
Baith careluss, un fearluss
O' aithur heevun ur hell;
Esteemin, un deemin
It aw un idle tale!

Than lit us cheerfa acquiesce;
Nur mak oor scanty Pleezhurs less,
Bi pinin' ut oor state:
Un, ev'n shid Misfoartins come,
Ah, here whaw sït, hae met wi some,
Un's thenkfa fur thaim yït.
They gie the wït o' Age tae Yith;
They lit us ken oorsel;
They mak us see the naikit trith,
The ray-ul gid un ull.
Tho' loasses, un croasses,
Be lessons rïcht severe,
Thur's wut there, yuh'll gït there,
Yuh'll fun nae ither whaur.

Bit tent me, DAVIE, ace o' Herts!
(Tae say oacht else wud wrang the cairts,
Un flatt'ry Ah destest)
This life his jeys fur you un I;
UN jeys thut rïches neer cid buy;
Un jeys the vurra best.
There's aw the pleezhurs o' the Hert,
The löver un the Freen;
Yee hae yur MEG, yur dearest pairt,
Un Ah ma daurlin JEAN!
Ït waarrums mi, ït cherms mi,
Tae mention bit the hur name:
Ït haits mi, ït baits mi,
Un sets mi aw oan flame!

O, aw yi Poo'rs whaw rill ubove!
O THOO, whaw's vurra sel urt löv!
THOO know'st ma words sincere!
The life blid streamin' thro' ma hert,
Ur ma mair dear Immoartul pairt,
Is no mair foanly dear!
Whan hert-coarrodin care un grief,
Deprive ma saul o' rest,
Hur dear idea brings relief,
Un soalace tae ma breest.
Thoo BEIN', Aw-seein',
O hear ma fervunt pray'r!
Stull tak hur, un mak hur,
THY maist peculiar care!

Aw hail! yi tennur feelins dear!
The smile o' löv, the freenly teer,
The sympathetic glowe!
Lang syne, thïs waarld's thoarny weys
Hid nummurt oot ma weary days,
Hid ït no been fur you!
Fate stull his blïst mi wi a freen,
Ïn ïvry care un ull;
Un aft a mair endearin baun,
A tye mair tennur stull.
Ït lïchtuns, ït brïchtuns,
The tenebrïfic scene,
Tae meet wi, un greet wi,
Mah DAVIE ur mah JEAN!

O, hoo thut name inspires mah style!
The words come skelpin, rank un file,
Umaist ufoar Ah ken!
The ready meezhur rïns as fine,
As Faibus un the famous Nine
Wur glowerin ower ma pen.
Ma spaivit Paigasus wull lïmp,
Tull yince hi's fairly het;
Un than he'll hïlsh un stïlt, un jïmp,
Un rïn un unca fït:
Bit laist than, the baist than,
Shid rue thïs hasty ride,
Ah'll lïcht noo, un dïcht noo,
Hïs sweetie, weezunt hide.

TO DAVIE, SECOND EPISTLE
TAE DAVIE, SAICUNT EEPÏSSUL

AUL NEEBUR
Ah'm three times doobly owre yur dettur
Fur yur aul-farrun, freenly lettur;
Tho' Ah mun say't, Ah doot yi flettur,
Yi speak sae fair;
Fur mah pair, sully, rhymin' clattur,
Some less mun sair.

Hale be yur hert! hale be yur fïddle!
Lang mey yur elbuck jïnk un dïddle,
Tae cheer yi thro'the weary wïddle
O' waurlie cares;
Tull bairns' bairns kinely cuddle
Yur aul gray hairs.

Bit Davie, laud, Ah'm red yi're glaikit;
Ah'm tault the Maiz yi hae nigleckit;
Un gïf ït's sae, yi shid be lïckit
Until yi fyke;
Sic hauns as you shid neer be faikit,
Be haint whaw like.

Fur me, Ah'm oan Parnassus' brïnk,
Rive-in the words tae gaur thum clïnk;
Whyles daez't wi löv, whyles daiz't wi drïnk,
Wi jauds ur maissuns;
Un whyles, bit aye ower late, Ah thïnk
Braw sober lessuns.

O' aw the thoachtlus sons o' man,
Coa-menn me tae the Baurdie clan;
Excep ït be some idle plan
O' rhymin' clïnk,
The deel-haet, thut Ah shid ban,
They ïvur thïnk!

Nae thoacht, nae view, nae scaim o' leevin,
Nae cares tae gie us jey ur grievin;
Bit jist the pootchie pit the nieve ïn,
Un while oacht's there,
Than, hïltie-skïltie, we gae scrievin,
Un fash nae mair.

Leeze me oan rhyme! ït's ey a treezhur,
Mah Chief, umaist mah only pleezhur
Ut hame, u-feel, ut waark, ur leezhur,
The Maiz, pair hïzzie!
Tho' ruch un rapluch bi hur meezhur,
Shi's seldum lazy.

Haud tae the Maiz, mah dentie Davie;
The waurl mey play yi munnie a shaivie;
Bit fur the Maiz, shi'll nïvur leave yi,
Tho' eer sae pair,
Na, een tho' lïmpin wi the spaivie
Fae door tae door.

EPISTLE TO JAMES SMITH
EEPISSUL TAE JAMES SMÏTH

1   Dear Smïth, the sleeist, pawkie thief,
    Thut eer uttempit stailth ur reef,
    Yi shairlie hae some waarluck-breef
    Owre hyoomun herts;
    Fur neer a boazum yit wis priff
    Ugainst yur airts.

2   Fur me, Ah sweer bi sun un min,
    Un ïvvrie staur thut blïnks ubin,
    Yi've coast mi twinty pair o' shin
    Jist gaun tae see yi;
    Un ïvvrie ither pair thut's din,
    Mair tain Ah'm wi yi.

3   Thut aul, capreeshus cairlin, Naitur,
    Tae mak amens fur scrïmpit staitur,
    Shi's turn't yi aff, a hyoomun craitur
    Oan hur furst plan,
    Un ïn hur freaks, oan ïvvrie faitur,
    Shi's wrote, the Man.

4   Jist noo Ah've tain the fït o' rhyme,
    Mah barmie noadul's waarkin prime,
    Mah fancy yïrkit up sublime
    Wi hasty summon:
    Hae yi a leezhur-momunt's time
    Tae hear whit's comin'?

5   Some rhyme a neebur's name tae lash;
    Some rhyme, (vain thoacht!) fur needfa cash;
    Some rhyme tae coort the Kïntra clash,
    Un raise a din;
    Fur me, un aim Ah nïvvur fash;
    Ah rhyme fur fun.

6 The staur thut rills mah lucklus loat,
   His fate't me the russit coat,
   Un dam't mah foartin tae the groat;
   Bit, in riquït,
   His blïst mi wi a randum-shoat
   O' kïntra wït.

7 Thïs whyle mah noshun's tain a sklent,
   Tae try mah fate ïn gid, black prent;
   Bit stull the mair Ah'm thut wey bent,
   Somethïng cries, 'Höllie!
   Ah reed yi, oanist man, tak tent!
   Yi'll shaw yur foally.

8 'Thur's ithur Po-its, much yur betturs,
   Faur seen ïn Greek, deep men o' letturs,
   Hae thoacht they hud inshair't thur debturs,
   Aw fyootur ages,
   Noo moaths difoarm ïn shapelus tetturs,
   Thur unknown pages'.

9 Than fareweel howps o' Laurul-boos,
   Tae gairlund mah poetic broos!
   Hencefurth Ah'll rove whaur busy ploos
   Ur whusslin thrang,
   Un teach the lanely hïchts un howes
   Mah rustic sang.

10 Ah'll waunnur oan wi tentlus heed,
   Hoo nïvvur-haltin momunts speed,
   Tull fate shull snap the brïttul threed;
   Than, aw unknown,
   Ah'll lay me wi th'ïnglorious deed,
   Furgoat un goan!

11 Bit whey, o' Daith, bigïn a tale?
   Jist noo wuh're leevin soon un hale;
   Than tap un maintap crood the sail,
   Heave Care owre-side!
   Un lairge, ufore Injeymunt's gale
   Lit's tak the tide.

12 Thïs life, sae faur's Ah unnurstaun,
    Ïs aw inchantit fairy-laun,
    Whaur Pleezhur ïs the Mejic-waun,
    Thut, wieldit rïcht,
    Maks oors lik meenits, haun ïn haun,
    Dance by foo lïcht.

13 The mejic waun than lit us wield;
    Fur, yince thut five un foarty's speel't
    See, crazy, weary, jeyless Eeld,
    Wi runkl't face,
    Comes hoastin, hïrplin owre the feel
    Wi creepin pace.

14 Whun yince life's day draws near the gloamin,
    Than fareweel vaicunt, careluss roamin;
    Un fareweel cheerfa tankurds foamin,
    Un soashul noaise;
    Un fareweel dear, diliddin wummun,
    The jey o' jeys!

15 O' Life! hoo pleesunt ïn thy moarnin,
    Young Fancy's rays the hulls udoarnin!
    Caul-pausin' Caishun's lessun scoarnin,
    Wi frïsk uwaw,
    Lik skill-boays, at the expeckit waarnin,
    Tae jey un play.

16 Wi waunnur there, wi waunnur here,
    Wi ee the rose upoan the bree'r,
    Un minefa thut the thoarn ïs near,
    Umang the leafs;
    Un tho' the puny oond uppear,
    Sho'rt while ït grieves.

17 Some, lucky fïn a floo'ry spoat,
    Fur whïch they nïvvur tile't nur swaat,
    They drïnk the sweet un eat the fat,
    Butt care ur pain;
    Un hap'ly, ee the barrin hut,
    Wi heekh disdain.

18   Wi steady aim, some Foartin chase;
         Keen howp diz ïvrie sinew brace;
         Thro' fair, thro' fool, they urge the race,
         Un sieze the prey;
         Than caunny, ïn some cozie place,
         They close the day.

19   Un ïthurs, lik yur hummul sairvun,
         Pair wïchts! nae rills nur roads oabservin;
         Tae rïcht ur left, eternul swervin,
         They zig-zag oan;
         Tull curst wi age, oabskyair un stervin,
         They affen grain.

20   Ulas! whit bïtter tile un strainin-
         Bit tröss wi peevish, pair cumplainin!
         Ïs Foartin's fïckul Luna wanin'?
         Een lit hur gang!
         Uneeth whit lïcht shi hiz rimainin,
         Lit's sïng oor sang.

21   Mah pen Ah here flïng tae the door,
         Un kneel, 'Yi Poo'rs', un waarm implore,
         'Tho' Ah shid waunnur Terra owre,
         Ïn aw hur climes,
         Grant mi bit thïs, Ah ask nae mair,
         Ey rowth o' rhymes.

22   Gie dreepin roasts tae kïntra lairds,
         Tull icicles hing fae thur bairds;
         Gie fine braw claes tae Life-gairds,
         Un Maids o' Oanur;
         Un yull un Whusky gae tae Cairds,
         Untïl they scunnur.

23   'A title, DEMSTUR mairits ït;
         A gairtun gie tae WULLIE PÏT;
         Gie waalth tae some bi-laidjurd cït,
         Ïn cent pur cent;
         Bit gie me rale, sterlin wït
         Un Ah'm coantent.

24 'While yi ur pleas't tae keep me hale,
    Ah'll sït doon owre mah scanty mail,
    Be't waattur-brose, ur muslin-kail,
    Wi cheerfa face,
    As lang's the Maizis dinna fail
    Tae say the grace.'

25 Un anxious ee Ah nïvvur throws
    Uhin mah lug, ur by mah nose;
    Ah jook uneeth Mïsfoartin's blaws
    As weel's Ah mey;
    Sworn fae tae soarra, care, un prose,
    Ah rhyme uwaw.

26 O' yee, douce folk, thut leeve bi rill,
    Grave, tideluss-bliddit, caum un kill,
    Cumpare't wi you—O' fill! fill! fill!
    Hoo much unlike!
    Yur herts ur jist a staunin pill,
    Yur lives, a dyke!

27 Nae hair-brain't, sentimentul traces,
    Ïn yur unletturt, nameluss faces!
    Ïn arioso trïlls un graces
    Yi nïvvur stray,
    Bit gravissimo, so'lum baisses
    Yi hum uwaw.

28 Yi ur sae grave, nae doot yuh're weiss;
    Nae ferly tho' yi dae dispise
    The hairum-scairum, ram-stam boays,
    The ramlin squaad:
    Ah see yi upwurt cast yur een-
    Yi ken the road-

29 Whilst Ah- bit Ah shall haud mi there-
    Wi you Ah'll scarce gang oany whaur-
    Than, Jimmy, Ah shall say nae mair,
    Bit quaat mah sang,
    Coantent wi you tae mak a pair,
    Whaur-eer Ah gang.

EPISTLE TO J. LAPRAIK
EEPISSUL TAE J. LAPRAIK

1   While bree'ers un widbines buddin green,
      Un paitricks scraichin' lood at e'en,
      Un moarnin' poussie whïddin' seen,
      Inspire mah maiz,
      Thïs freedom, ïn an unknown freen
      Ah pray excyaiz.

2   Oan fasten-e'en we hud a roackin,
      Tae caw the crack un weave oor stoakin;
      Un thur wis muckle fun un jokin',
      Yi needna doot;
      At length we hud a herty yokin',
      At "sang uboot."

3   There wis yae sang, umang the rest,
      Ubin thaim aw ït pleas't mi best,
      Thit some kine husbun hud addrest
      Tae some sweet wife;
      Ït thirl't the hert-strings thro' the breest,
      Aw tae the life.

4   Ah've scarce heard oacht describ't sae weel,
      Whït gen'rous manly boazums feel;
      Thoacht Ah," Cin thïs be Pope ur Steele,
      Ur Beattie's waark?"
      They tawlt me 'twis an oadd kine cheel
      Uboot Mairkïrk.

5   Ït pat me fidgin-fain tae heer't,
      Un sae uboot hïm there Ah spear't;
      Than aw thit kent hïm roon declar't
      He hud ingine;
      That nane excell't ït, few cam near't,
      Ït wis sae fine;

6   Thut, set hïm tae a pint o' ale,
    Un aithur dooce ur merry tale,
    Ur rhymes un sangs he'd made hïmsel,
    Ur wïtty catches,
    'Tween Ïnvurness un Tiviotdale,
    He hud few matches.

7   Than up Ah gat, un swör an aith,
    Tho' Ah shid pawn mah pyuch un graith,
    Ur dee a cadger pownie's daith,
    At some dyke-back,
    A pint un jïll Ah'd gie thaim baith,
    Tae hear yur crack.

8   Bit, furst un foremust, Ah shid tell,
    Awmaist as sin as Ah cud spell,
    Ah tae the crambo-jïng-ul fell;
    Tho' rid un rukh-
    Yit crinnin tae a buddy's sel,
    Diz weel enyukh.

9   Ah um nae poet, ïn a sense;
    Bit jist a rhymer lik, bi chance,
    Un hae tae lairnin' nae pretence;
    Yït, whit the maittur?
    Whuneer mah Maiz dis oan me glence,
    Ah jïng-ul at ur.

10 Yur critic-folk mey coack thur nose,
    Un say, "Hoo cun yi eer propose,
    You whaw ken haurly verse fae prose,
    Tae mak a sang?"
    Bit, bi yur leaves, mah learnit faes,
    Yu're mibby wrang.

11 Whit's aw yur jargun o' yur Skills,,
    Yur Laitin names fur hoarns un stills?
    If oanist Naitur made yi fills,
    Whit sairs yur grawmmurs?
    Yi'd better taen up spades un shölls,
    Ur knappin-haimmers.

12   A set o' dull, consaitit hashes
Confaise thur brains in coallidge-classes,
They gang ïn stïrks, un come oot asses,
Plain trith tae speak;
Un syne they thïnk tae sclim Parnassus
Bi dint o' Greek.

13   Gie me yae spaurk o' Naitur's fire,
Thut's aw the lairnin' Ah desire;
Than, tho' Ah drudge thro' dub un mire
At pyukh ur cairt,
Mah Maiz, tho' hamely win attire,
Mey touch the hert.

14   O fur a spunk o' ALLUN's glee,
Ur FAIRGISSON's, the bauld un slee,
Ur brïcht LAPRAIK's, mah freen tae be,
If Ah cin hït ït!
That wud be lair inyukh fur me,
Ïf Ah cud git ït.

15   Noo, Sur, ïf yi hae freens inyoo,
Tho' real freens Ah b'lieve ur few;
Yït, ïf yur catalogue be foo,
Ah'se no insïst:
Bit, gif yi waant yae freen thit's true,
Ah'm oan yur list.

16   Ah winna blaw uboot mahsel,
As ull Ah lik mah fauts tae tell;
Bit freens, un folks thit wiss me weel,
They sometimes röz me;
Tho', Ah mun awn, as munny stull
As faur uböz me.

17   There's yae wee faut they whyles lay tae me,
Ah like the lasses- Gid furggee me!
Fur munny a plack they wheedle fae me
At dance ur fair;
Mibby some ither thïng they gie me,
They weel cun spare.

18 Bit Mauchline Race ur Mauchline Fair,
    Ah shud be prood tae meet yi there:
    We'se gie yae nïcht's dischairge tae care,
    Ïf we furgethur;
    Un hae a swap o' rhymin-ware
    Wi yin unither.

19 The fower-jull chap, we'se gur hïm clatter,
    Un kirsen hïm wi reekin waatter;
    Syne we'll sït doon un tak oor whïtter,
    Tae cheer oor hert;
    Un faith, we'se be ukwaantit better
    Ufore we pairt,

20 Awaw yi selfish, waurly race,
    Whaw thïnk thit hevins, sense, un grace,
    Ev'n löv un freenship shid gie place
    Tae Catch-the-Plack!
    Ah dinna like tae see yur face,
    Nur hear yur crack.

21 Bit yi wham social pleezhur chairms,
    Whaw's herts the tide o' kine-ness waarms,
    Whaw haud yur bein' oan the terms,
    "Each aid the ithers,"
    Come tae mah bowel, come tae mah airms,
    Mah freens, mah brïthers!

22 Bit, tae coanclid mah lang epïstle,
    As mah aul pen's worn tae the grïssle,
    Twaw lines fae you wad gur me fïssle,
    Whaw um maist fairvunt,
    While ah cun aither sing, ur whussle,
    Yur freen un sairvunt.

SECOND EPISTLE TO J. LAPRAIK
SAICUNT EEPÏSSUL TAE J. LAPRAIK

1   While new-caw't kye rowte at the stake
        Un pownies reek ïn pyukh ur braik,
        Thïs oor oan e'enin's edge Ah tak,
        Tae own Ah'm debtor
        Tae oanist-hertit, aul Lapraik,
        Fur his kine letter.

2   Furjeskit sair, wi weary legs,
        Rattlin' the coarn oot-owre the rïgs,
        Ur dailin' thro' umang the naigs
        Thur ten-oors' bite,
        Mah awkurt Maiz sair pleads un begs,
        Ah wudnay write.

3   The tappitless, ramfeezl't hïzzie,
        She's saft at best un something lazy
        Koe shi: "Yi ken we've been sae busy
        Thïs month un mair,
        That trowth, mah heed ïs growe-in rïcht dizzie,
        Un something sair."

4   Hur dowff exkyisses pat me mad;
        "Coanscience," siz Ah, "Yi thowe-less jaud!
        Ah'll write, un thut a herty blaud,
        Thïs vurra nicht;
        Sae dinna yi affront yur trade,
        Bit rhyme ït rïcht.

5   "Shull bauld Lapraik, the keeng o' herts,
        Tho' mankine wur a pack o' cairts,
        Röz yi sae weel fur yur deserts,
        Ïn terms sae freenly;
        Yit ye'll negleck tae shaw yur pairts
        Un thenk um kinely?"

6   Sae Ah gat paper in a blink,
     Un doon gaed stumpie in the ink:
     Koa Ah: "Ufore Ah sleep a wink,
     Ah voo Ah'll close it:
     Un if ye winna mak it clink,
     Bah Jove, Ah'll prose it."

7   Sae Ah've bigun tae scrawl, bit whither
     In rhyme, ur prose, ur baith thegither,
     Lit time mak priff;
     Bit Ah shull scribble doon some blether
     Jist clean aff-liff.

8   Mah worthy freen, ne'er grudge un carp,
     Tho' Foartin yaise yi hard un shairp;
     Come, kittle up yur mairlun harp
     Wi gleesome touch!
     Ne'er mine hoo Foartin waaft un waarp;
     She's bit a bitch.

9   She's gie-n me munny a jirt un fleg,
     Sin Ah cud striddle owre a rig;
     Bit, by the Loard, tho' Ah shud beg
     Wi lyart pow,
     Ah'll laakh un sing, un shak mah leg,
     As lang's Ah dow!

10   Noo comes the sax-un-twintieth simmer
     Ah've seen the bud apo' the timmer,
     Stull persecutit by the limmer
     Fae year tae year;
     Bit yit, despite the kittle kimmer,
     I Roab, um here.

11   Dae yi envye the city gent,
     Ahint a kist tae lee un sklent;
     Ur purse-prood, big wi' cent. per cent.
     Un muckle wame,
     In some bit brukh tae represent
     A beylie's name?

12   Ur is't the paukhty feudal thane,
      Wi' ruffl't sark un glancin' cane,
      Whaw thinks himsel nae sheep-shank bane,
      Bit loardly stalks;
      While keps un bunnets aff urr taen,
      As by hi walks?

13   "O Thoo whaw gies us each gid gift!
      Gie me o' wit un sense a lift,
      Than turn me, if Thoo please, udrift
      Thro' Scoatlun wide;
      Wi sits nur lairds Ah widnay shift,
      In aw thur pride!"

14   Wur this the chairter of oor state,
      "Oan pain o' hell be rich un great,"
      Damnation than wud be oor fate,
      Uyoant rimeed;
      Bit, thenks tae heevin, that's no the gate
      We learn oor creed.

15   Fur thus the roayal mandate ran,
      Whan furst the human race began:
      "The social, freenly, oanist man,
      Whit-eer hi be,
      'Tis he fuhl-fuhls great Naitur's plan,
      Un nane bit he."

16   O mandate glorious un divine!
      The foalla-urs o' the raggit Nine-
      Pair, thoachtless deevils!- yit mey shine
      In glorious licht;
      While soardid sons o' Mammon's line
      Ur daurk as nicht!

17   Tho' here they scrape, un squeeze, un growl,
      Thur worthless neev-fuh o' a sowe-l
      Mey in some future carcase howl,
      The foarist's fricht;
      Ur in some day-detestin' owl
      Mey shun the licht.

18   Than mey Lapraik un Burns arise,
      Tae reach thur native, kin'red skies,
      Un sïng thur pleezhurs, hopes un jeys,
        Ïn some mild sphere;
      Stull closer knit ïn freenship's ties,
        Each passin' year!

TO A YOUNG FRIEND
TAE A YOUNG FREEN

Ah lang hae thoacht, mah yithfa freen,
A somethin' tae hae sent yi,
Tho' ït shid sair nae ithur en
    Thun jist a kine mimenta;
Bit hoo the subjeck thaim mey gang,
Lit time un chance ditermin;
Perhaps ït mey turn oot a sang;
    Perhaps, turn oot a sermun.

Yi'll try the waurl shin, mah laud,
Un ANRA dear bilieve me,
Yi'll fïn mankine un unca squad,
    Un muckle they mey grieve yi:
Fur care un trïbble set yur thoacht,
Een whun yur en's attaint;
Un aw yur views mey come tae noacht,
    Whaur ïvrie nerve is straint.

Ah'll no' say, men ur villuns aw;
The rai-ul, hardin't wïckit,
Whaw hae nae check bit hyoomun law,
    Ur tae a few ristrickit:
Bit oach, mankine ur unca waik,
Un lïttle tae be trustit;
Ïf Self the waivrin baalunss shake,
    Ït's rarely rïcht udjustit.

Yit they whaw faw in foartin's strife,
Thur fate we shidna senshur,
Fur stull th' impo'rtunt en o' life,
They equally mey ansur:
 A man mey hae un oanist hert,
Tho' pairtith oorlie stare um;
A man mey tak a neebur's pairt,
Yit hae nae cash tae spare um.

Ey free, aff haun yur story tell,
Whun wi a boazum croanie;
Bit still keep somethin' tae yursel
Yi scarcely tell tae oanie.
Cunseel yursel as weel's yi c'in
Fae creeticul dissekshun;
Bit keek thro' ïvrie ither man,
Wi sherpun't, slee inspeckshun.

The sacred lowe o' weel place't löv,
Luxyooriuntly indulge ït;
Bit nïvvur temp th' ïllicit rove,
Tho' naethin shid divulge ït:
Ah wave the quaantum o' the sin;
The hezurd o' cunseelin;
Bit oakh! ït herdins aw within,
Un petrifees the feelin!

Tae catch Dame Foartin's gowdun smile,
Asseeduous wait upoan hur;
Un gethur gear bi ïvrie wile,
Thut's justifeed bi oanur:
No fur tae hide ït ïn a haidge,
Nur fur a train-attendunt;
Bit fur the glorious preevilaidge
O' beein independunt,

The fear o' Hell's a hangmun's whup,
Tae haud the wretch ïn oardur;
Bit whaur yi feel yur Oanur grup,
Lit that ey be yur boardur;
Ït's slïkhtist touches, ïnstunt pause—
Debaur aw side-pritences;
Un raisolitly keep ït's laws,
Uncarin' coansiquences.

The great CREATUR tae rivere,
Must shair bicome the Craitur;
Bit stull the preachin' cant furbeer,
Un een the rïgid faitur:
Yit neer wi Wuts profane tae reynge,
Be coamplaisunce extendit;
Un aithay-ist-laakh's a pair excheynge
Fur Deity oaffendit!

Udyoo, dear aimiubul Yith!
Yur hert cïn neer be waantin!
Mey prudins, foartityid un trith
Ireck yur broo undantin!
Ïn ploomun phrase 'GOAD sen yi speed',
Stull daily tae growe weissur;
Un mey yi bettur reck the rede,
Thun ïvvur dïd th'Adveissur!

LONGER POEMS

THE AULD FARMER TO HIS AULD MARE
THE AUL FERMUR TAE HIS AUL MEER

1   A gid new-year, Ah wïsh thee Maggie!
        Hae, thur's a rïp tae thy aul baggie:
        Tho' thoo's howe-backit noo, un knaggie,
        Ah've seen the day
        Thoo cud hae gaen lik oanie staggie,
        Oot-owre the ley.

2   Tho' noo thoo's dowe'ie, stiff, un crazy
        Un thy aul hide as white's a daisie,
        Ah've seen thee dappl't, sleek un glaizie,
        A boanie gray
        He shid been tïcht thut daur't tae raize thee
        Yince ïn a day.

3   Thoo yince wis i' the foremust rank.
        A filly bördly, steeve un swank
        Un set weel doon a shapely shank
        As eer trade yïrd:
        Un cud hae flowe-in oot owre a stank
        Lik oanie burd.

4   Ït's noo some nine un twenty year
        Sin thoo wis mah gid faithur's meere:
        He gied me thee, o' toakhur clear,
        Un fifty merk:
        Tho' ït wis smaw, 'twis weel won gear,
        Un thoo wis stark.

5   Whun furst Ah gaed tae oo mah Jenny,
        Yi than wis troattin wi yur mïnnie:
        Tho' yi wis trïckie, slee un funnie,
        Yi neer wis doansie:
        Bit hamely, tawie, quate, un caunnie,
        Un unca soansie.

6   Thut day, yi pranc't wi muckle pride,
    Whun yi bör hame mah boanie bride:
    Un sweet un gracefa shi did ride,
    Wi maiden air!
    Kyle-Stewurt Ah cud braggit wide
    Fur sic a pair.

7   Tho' noo yi dowe bit hoyte un hoabbul,
    Un wïntul lik a saumunt-coabul,
    Thut day yi wis a jïnkur noble,
    Fur heels un wïn!
    Un ran thum tull they aw dïd waubul,
    Faur, faur uhin!

8   Whun thoo un Ah wur young un skeekh,
    Un stabul-mails ut fairs wur dreekh,
    Hoo thoo wi prance, un snore, un skreekh,
    Un tak the road!
    Toon's buddies ran, un stid ubeekh,
    Un caw't thee mad.

9   Whun Thoo wis coarn't, un Ah wis mella,
    Wi tuk the road ey lik a swaalla:
    Ut braises thoo hud neer a faalla,
    Fur pïth un speed;
    Bit ïvvry tail thoo pey't thum hoala,
    Whaur-eer thoo gaed.

10 The smaw, droop-rumpult, huntur cattul
    Mïcht aiblins waur't thee fur a brattul;
    Bit sax Scoatch miles thoo try't thur mettul,
    Un gurt thum whaizul;
    Nae whup nur spur, bit jist a waattul
    O' saukh ur haizul.

11 Thoo wis a noble fittie-laun,
    As eer ïn chug ur towe wis drawn!
    Aft thee un Ah, ïn aucht oors gaun,
    Oan gid Merch-waathur,
    Hae turn't sax rid uside oor haun
    Fur days thegither.

12 Thoo nïvvur breenge't, un fetch't, un flïskit;
    Bit thy aul tail thoo wid hae whïskit,
    Un spred ubreed thy weel-fuhl't brïskit,
    Wi pïth un poo-ur;
    Tuhl sprïttie knowes wid rair't un rïskit,
    Un slypet owre.

13 Whun froasts lay lang, un snaws wur deep,
    Un threetunt labour back tae keep,
    Ah gied thy coag a wee bït heap
    Ubin the tïmmur
    Ah ken't mah Maggie widna sleep
    Fur thut, ur sïmmur.

14 Ïn cairt un caur thoo nïvvur reestit;
    The stey-ist brae thoo wid hae face't ït;
    Thoo nïvvur lap, un sten't, un breestit,
    Than stid tae blaw;
    Bit jist thy step a wee thïng haistit,
    Thoo snöv't uwaw.

15 Mah pyukh is noo thy bairntime aw,
    Fower caallant brits as eer did draw;
    Furbye sax mae Ah've sell't uwaw,
    Thut thoo hist nurst:
    They drew me thretteen pun un twaw,
    The vurra waarst.

16 Munny a sair daurk we twaw hae roacht,
    Un wi the weary waurl hae foacht!
    Un munny an anxious day Ah thoacht
    We wid be bate!
    Yït here tae crazy age wuh're broacht,
    Wi somethin' yït.

17 Un thïnknay, mah aul trusty sairvun,
    Thut noo perhaps thoo's less disairvun,
    Un thy aul days mey en ïn stervin;
    Fur mah last foo,
    A heapit stïmpurt, Ah'll rizairve yïn
    Laid by fur you.

18 Wuh've worn tae crazy years thegithur;
    Wuh'll toyte uboot wi yïn unithur;
    Wi tentie care Ah'll flït thy tethur
    Tae some hain't rïg,
    Whaur yi mey nobly rax yur leathur
    Wi smaw fatigue.

THE RONALDS OF THE BENNALS
THE ROANULDS O' THE BÏNNULS

In Turbowton, ye ken, thur ur proapur young men,
Un proapur young lassies un aw man:
Bit ken yi the Roanulds thut leeve ïn the Bïnnuls?
They cairry the gree fae thum aw man.

Thur faither's a laird, un weel he cïn spare't:
Braid money tae toacher thum aw, man;
Tae proaper young men, he'll clïnk ïn the haun
Gowd geenies a hunner ur twa, man.

There's yin they caw Jean, Ah'll warrant yuh've seen
As boanie a lass ur as braw, man;
Bit fur sense un guid taste shu'll vie wi the best,
Un a coanduck thut beautifies aw, man.

The chairms o' the mine, the langer they shine
The mair udmeeration they draw, man;
While peaches un chïrries, un roses un luhlies,
They fade un they wither awa, man;

Ïf yi be fur Miss Jean, tak thïs fae a freen,
A hïnt o' a rival ur twa man;
The Laird o' Blackbyre wud gang through the fire,
Ïf that wud inteyss her awa, man.

The Laird o' Braeheid hïs been oan his speed
Fur mair than a towemon ur twa, man:
The Laird o' the Förd wull straught oan a börd,
Ïf he canny gït hur utaw, man.

Than Anna comes ïn, the pride o' hur kïn,
The boast o' oor batchilurs aw, man:
Sae soansie un sweet, sae fuhly coamplete,
She steals oor uffections uwaw, man.

Ïf Ah shid detail the pïck o' the wale
O' lassies thut leeve here-uwaw, man,
The faut wud be mine, ïf they dïdny shine
The sweetest un best uf thum aw, man.

Ah loo't hur mahsel, bit daurna weel tell,
Mah poavurty keeps me ïn awe, man
Fur makin o' rhymes, un workin ut times,
Diz lïttle ur naethin ut aw, man.

Yït Ah widna chaize tae lït hur rifaize
Nur hae't ïn hur poo'r tae say naw, man:
Fur though Ah be pair, unnotice't, obscyair,
Mah stomach's uz prood uz thum aw, man.

Though Ah canna ride ïn weel-bittit pride,
Un flee ower the hulls lik a craw, man,
Ah cïn haud up mah heid wi the best o' the breed,
Though flutterin ïvvur sae braw, man.

Mah coat un mah vest, they ur Scoatch o' the best;
O' pairs o' gid breeks Ah hae twa, man,
Un stoackins un pumps tae pit tae mah stumps,
Un neer a wrang steek ïn thum aw, man.

Mah sarks they ur few, bit five o' thum new-
Twal hunner, as white as the snaw, man!
A ten shullins hat, a Hoallun graw-vat-
Thur ur no munny Poets sae braw, man!

Ah nivvur hud freens weel stoakit in means,
Tae leave me a hunner ur twa, man;
Nae weel-toachur't aunts, tae wait oan thur drants
Un wish thum in hell fur it aw, man.

Ah never wis caunny fur hoardin o' money,
Ur clauchtin't thegither ut aw, man;
Ah've little tae spen un naethin tae len,
Bit deevil a shullin Ah awe, man.

ON CAPTAIN GROSE
OAN CAPTIN GROSE

1   Hear, Laun o' cakes, un brithur Scoats,
Fae Maidenkirk tae Joannie Groat's,
If thur's a hole in aw yur coats,
Ah rede yi tent it:
A chiel's umang yi takin notes,
Un faith he'll prent it:

2   If in yur boons yi chance tae licht
Upoan a fine, fat, foadjul wicht,
O' staitur shoart bit jainyus bricht,
That's he, merk weel:
Un woo! he his un unca slicht
O' cauk un keel.

3   Bi some aul, hoolit-hantit biggin,
Ur kirk disertit bi its riggin,
It's ten tae yin yuh'll fun him snug in
Some elritch pairt,
Wi deils, they say, Loard safe's! coalaigin
Ut some black airt.

4   Ilk ghaist thut hants aul haw ur chaumur,
Yi gipsy-gang thut deal in glamour,
Un you, deep-read in hell's black graumur,
Waarlucks un witches:
Yuh'll quauk ut his cunjoorin hemmur,
Yi midnicht bitches!

5   Ït's tault hi wis a soadjur bred,
Un yin wud raithur faw'n thun fled;
Bit noo hi's quaat the spurtul-bled
Un dug-skïn waalit,
Un taen the—Antiquarian tred,
Ah thïnk they caw ït.

6   He his a footh o' aul nïck-nackets:
Roosty airn keps un jïng-lin jaickets
Wud haud the Lothians three ïn tackets
A towe-munt gid;
Un purritch-pats un aul saut-backets
Ufore the Flid.

7   O' Eve's furst fire hi his a shinnur;
Aul Tubalcain's fire-shöll un fennur;
Thut whïch distïng-wishit the jennur
O' Balaam's ass;
A brimstïck o' the wïtch o' Ennur,
Weel shoad wi bress.

8   Furbye, hi'll shape yi aff foo gleg
The cut o' Aidum's philibeg;
The knife thut nïckit Abel's craig
Hi'll pröv yi fuhlly,
Ït wis a fauldin joactileg,
Ur lang-kail guhllie.

9   Bit wud yi see hïm ïn his glee,—
Fur muckle glee un fun his he—
Than set hïm doon, un twaw ur three
Gid fallas wi hïm;
Un port, O port! shine thoo a wee,
Un than yi'll see hïm!

10   Noo, by the Poo'rs o' verse un prose!
Thoo urt a denty cheel, O Grose!—
Whaw-eer o' thee shuhll ull suppose,
They sair mïscaw thee;
Ah'd tak the rascal bi the nose,
Wud say, 'Shame faw thee.'

HALLOWE'EN

HALLA-EEN

1. Upoan that nïcht, whan fairies lïcht
   Oan castles Doonuns dance,
   Ur owre the leys, ïn splendid bleeze,
   Oan sprïchtly coorsers prance;
   Ur fur Culain the rowt is taen,
   Uneath the muin's pale beams;
   There, up the Cove,- tae stray un rove,
   Umang the roacks un streams
   Tae sport that nïcht:

2. Umang the boanie windin' banks,
   Whaur Din rins, wïmplin, clear;
   Whaur Briss yince rill't the mershul ranks,
   Un shyuck his Carrick spear;
   Some mairie, freenlie, cïntra-folks
   Thegither did convene,
   Tae burn thur nïts,- un poo thur stoacks,
   Un haud thur Halla-een
   Fu' bleythe that nïcht.

3. The lasses fait, un cleanly nait,
   Mair braw thun whun they're fine;
   Thur faces bleythe— fou sweetly keythe
   Herts leal, un waarm, un kine:
   The lauds sae trïg,— wi' oour-babs
   Weel-knoatit oan their gairtun:
   Some unca blate,— un some wi' gabs
   Gaur lasses' herts gang stertin
   Whyles fast at nïcht.

4. Than, furst un foremust, thro' the kail,
   Thur stoacks mun aw be soacht yince;
   They steek thur een,- un graip un wail
   Fur muckle yïns,- un straucht yïns.
   Pair haivurul Wull fell aff the drïft,
   Un waunurt thro' the boo-kail,
   Un poo't,- fur waant o' better shïft,
   A runt,- wis lik a soo-tail,
   Sae boo't that nïcht.

5   Than, straucht ur crookit,- yïrd ur nain,
      They rair un cry aw throo'thur;
      The vurra wee-thïngs,- toadlin', rïn
      Wi' stoacks oot-ower thur shoother:
      Un gïf the custuck's sweet- ur soor,
      Wi' joactilegs they taste thum;
      Syne coziely,- ubin the door,
      Wi' caunnie care,- thu've place't thum
      Tae lie that nïcht.

6   The lassies staw fae mang thum aw,
      Tae poo thur stoaks o' coarn;
      Bit Rab slïps oot,- un jïnks uboot,
      Uhïnt the muckle thoarn:
      He gruppit Nelly hard un fast;
      Lood skïrl't aw the lassies;
      Bit hur tap-pickul maist wis loast,
      Whan kïttlin ïn the fause-hoose
      Wi' hïm that nïcht.

7   The aul guid-wife's weel-hördit nïts
      Ur roon un roon dividit,
      Un munny lauds' un lassies' fates
      Ur there that nïcht decidit:
      Some kennul coothie,- side bi side,
      Un burn thegither trïmly;
      Some stert awaw- wi' saucy pride,
      Un jump oot-ower the chïmlie
      Foo heekh that nïcht.

8   Jean slïps ïn twa,- wi tentie ee;
      Whaw 'twis,- shi wudny tell;
      Bit thïs is Joack,— un thïs is me,
      Shi siz intae hursel:
      He bleezed owre hur, un shi owre hïm,
      As they wud never mair pairt;
      Tull fuff!- he stertit up the lum,
      Un Jean- hud een a sair hert
      Tae see't that nïcht.

9   Pair Wullie,- wi his boo-kail runt,
    Wis brunt wi primsie Mallie;
    Un Mary,- nae doot,- tuk the drunt,
    Tae be cumpair't tae Wullie:
    Maal's nït lap oot,- wi pridefa flïng,
    Un hur ain fit,— it brunt ït;
    While Wullie lap,- un swörr ba jïng,
    'Twis jist the wey he waantit
    Tae be that nïcht.

10 Nell- hud the fause-hoose in hur mine,
    Shi pits hursel un Rab ïn;
    Ïn lövin bleeze they sweetly jine,
    Tull white in aws they're sabbin:
    Nell's hert wis dancin' ut the view;
    Shi whusper't Rab tae luk fur't:
    Rab,- stownlins,- preed hur boanie moo,
    Fu' coazie in the nyuk fur't
    Unseen that nïcht.

11 Bit Merrun sat uhïnt thur backs,
    Hur thoachts oan Anra Bell;
    Shi lea'es thum gashin it their cracks,
    Un slïps oot bi hursel:
    She- thro' the yaird the nearest taks,
    Un tae the kill she gaes than,
    Un daurklins- graipit fur the bauks,
    Un ïn- the blue-clue throws than,
    Rïcht fear't that nïcht.

12 Un aye shi wine'-t,— un aye shi swaat-
    Ah waat shi made nae jaukin;
    Tull somethin held withïn the pat,
    Guid Loard! bit she wis quaukin!
    Bit whither 'twis the Deel himsel,
    Ur whither 'twis a bauk-en,
    Ur whither ït wis Anra Bell,
    Shi didny wait oan talkin
    Tae speer that nïcht.

13 Wee Jenny tae hur graunie siz,
    'Wull yi gae wi me, Graunie?
    Ah'll eat the aippul ut the gless,
    Ah gat fae uncul Joannie':
    Shi fuff't hur pipe wi sic a lunt,
    In rath shi wis sae vaip'rin,
    Shi notic't na— an aizul brunt
    Hur braw, new wurset aipurn
    Oot thro' that nïcht.

14 Yi lïttle skelpie-lïmmer's-face!
    Ah daur yi try sic spoartin,
    As seek the fool Thief oanie place,
    Fur him tae spae yur foartin:
    Nae doot bit yi mey git a sïcht!
    Great cause- yi hae tae fear ït;
    Fur munny a yïn his goattun a frïcht,
    Un leev't— un dee'-t dileerit.
    Oan sic a nïcht.

15 'Yae hairst ufore the Shurra-mair,
    Ah mine't- as weel's yistreen-
    Ah wis a gilpie than,— Ah'm shair
    Ah wisny past fïfteen:
    The sïmmur hud been caul un waat,
    Un stuff wis unca green;
    Un ey a rantin kïrn wi gat,—
    Un jist oan Halla-een
    Ït fell that nïcht.

16 'Oor stibble-rïg wis Rab McGrain,
    A clever, sturdy falla;
    His sin gat Eppie Sim wi wean,
    Thit leev't in Achmachalla:
    He gat hemp-seed,— Ah mine it weel,
    Un he made unca lïcht oat;
    Bit munny a day- wis bi himsel,
    He wis sae sairly frïchtit
    That vurra nïcht.'

17   Than up gat fechtin Jimmie Fleck,
       Un he swörr bi his coanscience,
       That he cud saw hemp-seed a peck;
       Fur ït wis aw bit noansense:
       The aul guidman- raucht doon the poak,
       Un oot a haunfa gied him;
       Syne bad him slïp fae mang the folk,
       Sometime whan nae yin see'd him,
       Un try't that nïcht.

18   He mairches thro' umang the stacks,
       Tho' he wis somethin sturtin;
       The graip he fur a harra taks,
       Un haurls at his curpun;
       Un ïvrie noo un than, he sis,
       'Hemp-seed Ah saw thee,
       Un her thut ïs tae be mah lass
       Come eftur me,- un draw thee
       As fast thïs nïcht'.

19   He whussl't up Loard Lennox' mairch,
       Tae keep his courage cheery;
       Altho' his hair begïd tae airch,
       He wis sae fley't- un eerie;
       Tull praisently— he hears a squeak,
       Un than a grane un gruntul;
       He by his shoother— gae a keek,
       Un tummul't wi a wïntul
       Oot-owre that nïcht.

20   He rair't a hoarrid murthur-shoot,
       In dreedfa' despuration!
       Un young un aul- cam rïnnin oot,
       Un hear the sad narration:
       He swörr 'twis hïlchin Jean McCraw,
       Ur crootchie Merrun Humphie,
       Tull stoap!— shi troattit thro' thum aw;
       Un whaw wis ït— bit Grumphie
       Usteer that nïcht?

21 Meg fain wad tae the baurn gain,
    Tae win three wechts o' naethin;
    Bit fur tae meet the Deel hur lane,
    She pat bit littul faith in;
    Shi gees the hurd a pickle nits,
    Un twaw rid-cheekit aipples,
    Tae watch,— while fur the baurn she sets,
    In howps tae see Tam Kippuls
        That vurra nicht.

22 Shi turns the key wi' caunnie thraw,
    Un owre the threshuld venturs;
    Bit furst oan Sawnie gees a caw,
    Syne bauldly in shi enturs:
    A rattun rattl't up the waw,
    Un shi cry't- Loard priserve hur!
    Un ran thro' middun-hole un aw,
    Un pray'd wi zeal un fervur
        Fu' fast that nicht.

23 They hoy't oot Wull,- wi sair advice;
    They hecht him some fine braw yin;
    It chans't- the stack he faddum't thrice,
    Wis timmer-prapt fur thrawin:
    He taks a swirlie, aul moass-oak
    Fur some black gruesome cairlin;
    Un lit a winze,- un drew a stroke,
    Tull skin in blypes cam haurlin
        Aff's neeves that nicht.

24 A waantun weeda Leezie wis,
    As cantie as a kittlin;
    Bit och!- that nicht, umang the shaws,
    She gat a fearfa settlin!
    Shi thro' the whuns,- un by the cairn,
    Un owre the hull gaid screevin;
    Whaur three lairds' launs- met at a burn,
    Tae dip hur left sark-sleeve in
        Wis bent that nicht.

25   Whyles ower a linn the burnie plays,
　　　　As thro' the glen it wimpult;
　　　　Whyles roon a roacky scaur it strays,
　　　　Whyles in a weel it dimpult;
　　　　Whyles glittur't tae the nichtly rays,
　　　　Wi bickerin, dancin' daizzle;
　　　　Whyles cookit unnurneath the braes,
　　　　Ublow the spreedin hazul
　　　　Unseen that nicht.

26   Umang the breckuns, oan the brae,
　　　　Utween hur un the min,
　　　　The Deel, ur else un ootlur quey,
　　　　Gat up un gae a crin;
　　　　Pair Leezie's hert maist lap the hil;
　　　　Nerr laiv'rock-hicht she jumpit,
　　　　Bit miss't a fit,— un in the pil
　　　　Oot-owre the lugs shi plumpit
　　　　Wi a ploonge that nicht.

27   In oarder, oan the clean herth-stane,
　　　　The luggies three- ur reinge't;
　　　　Un ivrie time great care is tain
　　　　Tae see thum joolie cheinge't:
　　　　Aul uncul Joan,— wha waadluck's jeys
　　　　Sin Mar's-year did desire,
　　　　Bicause he gat the tim dish thrice,
　　　　He heav't thum oan the fire
　　　　In rath that nicht.

28   Wi' mairry sangs,- un freenly cracks,
　　　　Ah waat thay didnay weary;
　　　　Un unca tales,- un funnie jokes-
　　　　Thur sports wur chaip un cheery:
　　　　Tull butter't soa'uns,- wi fragrant lunt,
　　　　Set aw thur gabs a-steerin;
　　　　Syne,- wi a social gless o' strunt,
　　　　They pairtit aff careerin
　　　　Fu' bleythe that nicht.

THE HOLY FAIR
THE HALY FAIR

1 Upoan a sïmmer Sunday moarn,
   Whun Naitur's face is fair,
   A waukit forth tae view the coarn,
   Un snuff the caalur air.
   The risin sun, owre Gaustun Mairs,
   Wi glorious lïcht wis glïntin;
   The laivrucks they wur chantin
   Foo sweet that day.

2 As lïchtsomely Ah glowr't ubroad,
   Tae see a scene sae gey,
   Three hizzies, airly oan the road,
   Cam skelpin up the wey,
   Twaw hud manteels o' dolefa black,
   Bit yïn wi' lyart leinin,
   The thurd, thut gaed a wee u-back,
   Wis in the fashion shinin'
   Foo gey that day.

3 The twaw uppear't like sïsters twïn,
   Ïn feetur, foarm un claes;
   Thur visij withur't, lang un thïn,
   Un soor as oany slaes:
   The thurd cam up, hap-stap-un-lowp,
   As lïcht as oany lambie,
   Un wi a curchie laikh did stoop,
   As sin as eer shi saw mi,
   Foo kine that day.

4 Wi bunnit aff, koa Ah, 'Sweet lass,
   Ah thïnk yi seem tae ken mi;
   Ah'm shair Ah've seen that boanie face,
   Bit yït Ah canna name yi.'
   Koa shi, un laakhin as she spak,
   Un taks mi bi the hauns,
   'Yi, fur ma sake, hae gien the feck
   O' aw the Ten Coammauns
   A screed some day.

5   'Ma name is FUN — yur croanie dear,
    The nearest freen yi hae;
    Un this is SOOPURSTEETION here,
    Un that's HYPOACRISY.
    Ah'm gaun tae Mauchlin Haly Fair,
    Tae spen un oor in daffin;
    Gin yuh'll gae there,— yoan runkult pair,
    We wull git famous laakhin
    At thaim this day.'

6   Koa Ah, 'Wi aw ma hert, Ah'll dae't;
    Ah'll git ma Sunday's sark oan,
    Un meet yi oan the haly spoat;
    Faith, we'se hae fine rimarkin!'
    Than Ah gaid hame at crowdie-time,
    Un shin Ah made me ready;
    Fur roads wur cled, fae side tae side,
    Wi munny a weary buddy,
    In droves that day.

7   Here fermurs gash, in ridin' graith,
    Gaed hoaddin by thur coatters;
    There swankies young, in braw braid-claith,
    Ur springin owre the gitters,
    The lassies, skelpin barefit, thrang,
    In sulks un scaurlits glitter;
    Wi sweet-mulk cheese, in munny a whang,
    Un faurls, bake't wi butter,
    Foo crump that day.

8   Whan, bi the plate, we set oor nose,
    Weel heapit up wi happinss,
    A greedy glowe'r black-bunnit throws,
    Un we mun draw oor tuppinss,
    Than in we gae tae see the shaw:
    Oan ïvvry side they're geth'rin;
    Some cairryin dails, some chairs un stills,
    Un some ur busy bleth'rin
    Richt lood that day.

9   Here stauns a shed tae fen the shoo'rs,
    Un screen oor cuntra gentry;
    There Racer Jess, un twa three hoors,
    Ur blïnkin at the entry.
    Here sïts a raw o' tïttlin jauds,
    Wi' heavin breests un bare neck;
    Un there a batch o' wabster lauds,
    Blaggairdin fae Kïlmaurnuck,
    Fur fun this day.

10 Here some ur thïnkin oan their sïns,
    Un some upoa thur claiz;
    Yïn curses feet thut fyl't his shins,
    Unither sïkhs un prays:
    Oan this haun sïts an Eeleck swaatch,
    Wi' screw't-up, grace prood faces;
    Oan that, a set o' chaps at waatch,
    Thrang wïnkin oan the lassies
    Tae chairs that day.

11 O happy is that man un blest!
    Nae wunner thut ït pride um!
    Whause ain dear lass, thut he likes best,
    Comes clïnkin doon uside um!
    Wi' airm ripoas'd oan the chair-back,
    He sweetly diz coampose um;
    Which, bi digrees, slips roon hur neck,
    Un's liff upoan hur boazum,
    Unkent that day.

12 Noo aw the coangrigation owre
    Ïs silent expectation;
    Fur Moodie speels the haly door,
    Wi' tidins o' salvation;
    Shid Hoarnie, as in anshunt days,
    'Mang sons o' Goad prisent um;
    The verra sïcht o' Moodie's face
    Tae's ain het hame hud sent um
    Wi frïcht that day.

13 Hear hoo he clears the pints o' Faith
    Wi rattlin un thumpin!
    Noo meekly cawm, noo wild in rath,
    He's stampin, un he's jumpin!
    His lengthun't chïn, his turn't up snoot,
    His elritch squeel un jaisturs,
    O hoo they fire the hert divoot—
    Lik canthiridyun plaisturs
    Oan sic a day!

14 Bit herk! the tent hiz cheinj't ïts vice
    Thur's peace un rest nae lang-ur;
    Fur aw the rale, judges rise
    They canna sït fur ang-ur;
    Smith opens oot his caul hurangues,
    Oan practice un oan moarals;
    Un aff the goadly poor in thrangs,
    Tae gie the jaurs un burruls
    A lïft that day.

15 Whit signifees his barren shine,
    O' moarul poo'rs un raisun?
    His Ïng-lish style, un jaistur fine
    Ur aw clean oot o' saisun.
    Lik Soacrutais ur Antoanine,
    Ur some aul paigun haithun,
    The moarul man he diz difine,
    Bit neer a word o' faith in
    That's rïcht that day.

16 Ïn guid time comes un antidote
    Ugainst sic poozhun't noastrum;
    Fur Peebuls, fae the Waattur-fit,
    Ascens the haly roastrum:
    See, up he's goat the word o' Goad,
    Un meek un mim hiz view't ït,
    While Coammun-sense hiz taen the road,
    Un aff, un up the Coogit
    Fast, fast that day.

17   Wee Muller neest, the Gaird rilieves,
      Un oarthoadoaxy raibuls,
      Thoa in his hert he weel bilieves,
      Un thinks it aul wifes' fables:
      Bit faith! the birkie waants a manse:
      Sae caunilly he hums thum;
      Ulthoa his carnal Wut un Sense
      Lik hauflins-weys owrecomes um
      At times that day.

18   Noo butt un ben, the cheynge-hoose fuls,
      Wi yull-caup Coammentatturs:
      Here's cryin oot fur bakes un juls,
      Un there the pint-stowp clatturs;
      While thick un thrang, un lood un lang,
      Wi Loajic un wi Scriptur,
      They raise a din, thut in the en'
      Is like tae breed a ruptur
      O' rath that day.

19   Leeze me oan Drink! it gies us mair
      Thun aithur Skil ur Coallidge;
      It kennles Wut, it waukins Lair,
      It pangs us fou o' Knoalidge.
      Bee't whusky-jull ur penny-wheep,
      Ur oany stroang-ur potion,
      It nivur fails, oan drinkin deep,
      Tae kittul up oor notion,
      Bi nicht ur day.

20   The lauds un lassies, bleythly bent
      Tae mine baith saul un boady,
      Sit roon the taibul, weel coantent,
      Un steer uboot the toaddy:
      Oan this yin's dress, un that yin's luk,
      They're makin oabzurvations;
      While some ur cozie i' the nyuk,
      Un foarmin assignations
      Tae meet some day.

21 Bit noo the Loard's ain trumpit toots,
    Tull aw the hulls ur rairin,
    Un aikoes back riturn the shoots;
    Black Russul isna spairin:
    His piercin words, lik Hielun swurds,
    Divide the jeints un marra;
    His talk o' Hell, whaur deevils dwaal,
    Oor verra "Sauls diz harra
    Wi fricht that day!

22 A vast unboatum't, boonlus Pït,
    Fuhl't fou o' lowe-in brunstane,
    Whaws ragin' flame, un scoarchin heat
    Wud melt the hardest whun-stane!
    The hauf-asleep stert up wi fear,
    Un think they hear it rairin;
    Whun praisuntly it diz uppear,
    'Twis bit some neebor snorin
    Usleep that day.

23 'Twud be owre lang a tale tae tell,
    Hoo munny stories past,
    Un hoo they croodit tae the yull,
    Whun they wur aw dismïst:
    Hoo drink gaed roon, in coags un caups,
    Umang the furms un binches;
    Un cheese un breed, fae weemin's laps,
    Wis dailt uboot in lunches,
    Un dauds that day.

24 In comes a gausie, gash Gidwife,
    Un sits doon bi the fire,
    Syne draws hur kebbuck un hur knife;
    The lassies they ur shyer.
    The aul Gidmen, uboot the grace,
    Fae side tae side they boather,
    Tull some yin by his bunnet lays,
    Un gies thum't, lik a tether,
    Foo lang that day.

25 Waesucks! fur hïm thut gits nae lass,
    Ur lasses thut hae naethin!
    Smaw need hiz he tae say a grace
    Ur melvie his braw claithin!
    O wifes be mine-fa, yïnce yursel,
    Hoo boanie lauds yi waantit,
    Un dinna, fur a kebbuck-heel,
    Lit lasses be uffruntit
    Oan sic a day!

26 Noo Clïnkumbell, wi rattlin towe,
    Bigins tae jowe un crin;
    Some swaggur hame, the best they dowe,
    Some wait the eftirnin.
    At slaps the buhlies halt a blïnk,
    Tuhl lasses strïp their shin:
    Wi faith un howp, un löv un drïnk,
    They're aw ïn famous tin
    Fur crack that day.

27 Hoo munny herts thïs day converts
    O' sïnners un o' lasses!
    Thur herts o' stane, gin nïcht is gain
    As saft as oanie flesh is:
    There's some ur fou o' löv divine;
    There's some ur fou o' brandy;
    Un munny joabs that day begïn,
    Mey enn ïn hoakhmagandie
    Some ither day.

HOLY WILLIE'S PRAYER
HALY WULLIE'S PRAYER

1   O Thoo thit ïn the Heevins diz dwaal,
    Whaw, as ït pleases best Thysel,
    Sens yïn tae Heevin un ten tae Hell
    Aw fur thy glory,
    Un no fur oanie gid ur ull
    Thu've din ufore Thee!

2   Ah bless un praise Thy matchless mïcht,
       Whan thoosuns Thoo hist left in nïcht,
       Thit Ah um here ufore Thy sïcht,
       Fur gïfts un grace
       A burnin un a shinin' lïcht
       Tae aw this place.

3   Whit wis Ah, ur mah generation,
       Thit Ah shid git sic exaltation?
       Ah, whaw deserv't maist jïst damnation
       Fur broken laws
       Sax thoosun years eer mah creation
       Thro' Aidum's cause!

4   Whan fae mah mither's wim Ah fell,
       Tae gnash mah gooms, un weep un wail
       Ïn burnin' lakes,
       Whaur damn'it deevils rair un yell,
       Chein't tae thur stakes.

5   Yit Ah um here, a chosen sample,
       Tae shaw Thy grace ïs great un ample:
       Ah'm here a pïllar o' thy temple
       Stroang uz a roack,
       A guide, a buckler, un exemple
       Tae aw Thy floack!

6   Bit yït, O Loard! confess Ah must:
       Ut times Ah'm fash't wi fleshly lust;
       Un sometimes, tae ïn waurly trust,
       Vile self gits ïn;
       Bit Thoo rememmurs we ur dust,
       Difile't wi sïn.

7   O Loard! yistreen, Thoo kens, wi Meg-
       Thy paurdin Ah sincerely beg-
       O, mey't neer be a leevin plague
       Tae mah disoanur!
       Un Ah'll neer luft a lawless leg
       Ugane upoan hur.

8   Besides, Ah faurther mun avoo-
       Wi Leezie's lass, three times, Ah troo-
       Bit, Loard, thit Friday Ah wis foo,
       Whan Ah cam near hur,
       Ur else, Thoo kens, Thy servant true
       Wud never steer hur.

9   Mibby Thoo lits this fleshly thoarn
       Buffet Thy servant e'en un moarn,
       List he owre prood un heich shid turn
       Thit he's sae giftit:
       If sae, Thy haun maun e'en be boarn
       Until Thoo luft it.

10   Loard, bless Thy chosen in this place,
       Fur here Thoo hiz a chosen race!
       Bit Goad confoon thur stubborn face
       Un blast thur name,
       Whaw bring Thy eldurs tae disgrace
       Un oapm shame!

11   Loard! mine Gaun Hamilton's daiserts:
       He drinks un sweers, un plays ut cairts,
       Yit his sae munny takin airts
       Wi great un smaw,
       Fae Goad's ain Priest the people's herts
       He steals awa.

12   Un whan we chaistn't him therefore,
       Thoo kens hoo he bred sic a splore,
       Un set the waurl in a roar
       O laakhin it us:
       Curse Thoo his basket un his store,
       Kail un tatties!

13   Loard, hear mah earnest cry un pray'r
       Agane-st that Presbyt'ry uf Ayr!
       Thy stroang richt haun, Loard, mak it bare
       Upoa thur heeds!
       Loard, visit thum, un dinnie spare,
       Fur their misdeeds!

14   O Loard, mah Goad! that glib tung't Aiken,
Mah vurra hert un flesh ur quakin
Tae think hoo we stid sweetin, shakin,
Un pïsh't wi dreed,
While he, wi hïngin lïp un snaikin
Held up his heed.

15   Loard, ïn Thy day o' vengeunce try hïm!
Loard, veesit hïm whaw did imploay hïm!
Un pass no ïn Thy mercy by thum,
Nur hear thur pray'r,
Bit fur Thy people's sake destroay thum,
Un dinny spare!

16   Bit, Loard, rememmur me un mine
Wi mercies temporal un divine,
Thit Ah fur grace un gear mey shine
Excell't bi nane;
Un aw the glory shull be Thine-
Amen, Amen!

DEATH AND DOCTOR HORNBOOK
DAITH UN DOAKTUR HOARNBYUK

1   Some byuks ur lees fae en tae en,
Un some great lees wur nïvur penn't:
Een Meenisturs they hae been kenn't,
Ïn haly raptur,
A roozin whïd it times tae ven,
Un nail't wi Scrïptur.

2   Bit thïs thut Ah um gaun tae tell,
Whïch lately oan a nïcht bifell,
Ïs jist as true's the Deel's ïn Hell,
Ur Dooblïn ceety:
Thut eer he nerrur comes oorsel
'S a muckle peety.

3   The clakhun yull hud made me canty,
    Ah wisna foo, bit jist hud plenty;
    Ah staukhurt whyles, bit yit tuk tent ey
    Tae free the ditches;
    Un hulluccks, stanes, un bussies kenn't ey
    Fae gaists un witches.

4   The rise-in Min bigood tae glowe-ur
    The distant Cumnuck hulls oot-owre;
    Tae coont hur hoarns, wi aw mah poo'r,
    Ah set masel;
    Bit whithur shi hud three ur fowe-ur,
    Ah cidna tell.

5   Ah wis come roon uboot the hull,
    Un toadlin doon oan Wullie's mull,
    Settin mah staff wi aw mah skull,
    Tae keep mi sickur;
    Tho' leewurd whyles, ugane'st mah wull,
    Ah tuk a bickur.

6   Ah there wi Somethin diz furgethur,
    Thut pat mi in un eerie swithur;
    Un awfa scythe, oot-owre yae shoothur,
    Clear-dang-lin, hang;
    A three-taid leestur oan the ithur
    Lay, lairge un lang.

7   Its staitur seem't lang Scoatch ells twaw,
    The queerist shape thut eer Ah saw,
    Fur feent a wame it hud uvaw;
    Un than its shanks,
    They wur as thin, as sherp un smaw
    As cheeks o' branks.

8   'Gid-een' koa Ah; 'Freen! hae yi been mawin,
    Whun ithur folk ur busy sawin?'
    It seem't tae mak a kine o' staun,
    Bit naethin spak;
    Ut length sis Ah, 'Freen, whaur yi gaun?
    Wull yi gae back?

9   Ĭt spak rĭcht howe- 'Mah name ĭs Daith,
    Bit be nae fley't'.- Koa Ah, 'Gid faith,
    Yuh're mĭbbee come tae stap mah braith;
    Bit tent me, buhlie;
    Ah reed yi weel, tak care o' skaith,
    See, there's a gully.

10 'Gidman,' koa he, 'pit up yur whuttul,
    Ah'm no diseint tae try ĭts mettul;
    Bit ĭf Ah did, Ah wĭd bi kĭttul
    Tae be mislair't,
    Ah wĭd na mine ĭt, na thut spĭttul
    Oot owre mah baird.'

11 'Weel, weel!' siz Ah, 'a baurgin bee't;
    Come, gies yur haun, un sae wuh're gree't;
    Wuh'll ease oor shanks un tak a sate,
    Come, gies yur news!
    Thĭs while yi hae been munny a gate,
    Ut munny a hoose.'

12 Eye, eye, koa he, un shyuk hĭs heed,
    'Ĭt's een a lang, lang time ĭndeed
    Sin Ah bigood tae nĭck the threed,
    Un choke the braith:
    Folk mun dae somethin fur thur breed,
    Un sae mun Daith.

13 'Sax thoosun years ur nerrhaun fled
    Sin Ah wis tae the buhtchin bred,
    Un munny a skaim ĭn vain's been laid,
    Tae stap ur scaur mi;
    Tull yĭn Hoarnbyuk's tain up the tred,
    Un faith, hi'll waur mi.

14 'Yi ken Joak Hoarnbyuk i' the Clakhun,
    Deel mak hĭs kĭng's-hid ĭn a splyukhun!
    Hi's growe-n sae weel ackwaant wi Buchan
    Un ither chaps,
    The wains haud oot thur fing-urs laakhin
    Un pook mah hĭps.

15   'See, here's a scythe, un there's a dert,
       They hae pairst munny a caalant hert;
       Bit Doactur Hoarnbyuk, wi his ert
       Un cursit skull,
       His made thum baith no worth a fert,
       Damn't hait thuh'll kull!

16   'Twis bit yistreen, nae faurur gain,
       Ah threw a noabul throw it yïn;
       Wï less Ah'm shair, Ah've hunnurs slain;
       Bit deel-ma-care!
       Ït jist play't dïrl oan the bane,
       Bit did nae mair.

17   'Hoarnbyuk wis by, wi ready ert,
       Un hud sae foartifeed the pert
       Thut whun Ah lukkit tae mah dert,
       Ït wis sae blunt,
       Feent hait oa't wïd hae pairs't the hert
       O' a kail-runt.

18   'Ah drew mah sceythe ïn sïc a fury,
       Ah nerrhaun cowe-pit wi mah hurry,
       Bit yït the bauld Apoathicurry
       Withstïd the shoak;
       Ah mïcht as weel hae trie't a quaary
       O' hard whun-roack.

19   'Ev'n thaim hi cannay gït attendït,
       Ulthough thur face he neer hud kent ït,
       Jist shite ïn a kail-bled un sen ït,.
       As shïn's he smells 't,
       Baith thur disease un whit wull men ït,
       Ut yïnce he tells 't.

20   'Un than aw doactur's saws un whïttuls,
       O' aw dimenshuns, shapes, un mettuls
       O' aw kines oa boaxes, mugs un boattuls,
       He's shair tae hae;
       Thur Laitin names as fast he rattuls
       As Ay, Bay, Say.

21   Calsiz o' foassuls, yïrths, un trees;
       True Sal-mareenum o' the seas;
       The Farrina o' beans un peas,
       He his ïn plenty;
       Aqua-foantis, whit yi please,
       He cïn coantent yi.

22   'Furbye some new, uncoammun waipuns,
       Yooreenus-speeritus o' caipuns;
       Ur Mite-hoarn shave'ns, feilins, scrape'ns,
       Distull't per say;
       Sal-alkalee o' midge-tail clïppins,
       Un munny mae.'

23   'Waes me fur Joannie Ged's hole noo,'
       Koa Ah, 'Ïf thut thae news be true!
       His braw cauf-waird whaur gowe-uns grew,
       Sae white un boanie,
       Nae doot thuh'll rive ït wi the ploo;
       Thuh'll ruin Joanny!'

24   The craitur grain't un elritch,laakh,
       Un siz, yi needna yoke the pyukh.
       Kïrk-yairds wull shin be tull't inyukh,
       Tak yi nae fear:
       Thuh'll aw be trïnch't wi munny a shyukh,
       Ïn twaw-three year.

25   'Whaur Ah kull't yïn, a fair strae-daith,
       Bi loass o' blid, ur waant o' braith,
       Thïs nïcht Ah'm free tae tak mah aith,
       Thut Hoarnbyuk's skull
       His cled a score i' thur last claith,
       Bi drap un peel.

26   'Un oanist Wabstur tae hïs tred,
       Whaw's wife's twaw neevs wur scarce weel-bred,
       Gat tippuns-worth tae men hur heed,
       Whun ït wis sair;
       The wife slade caunny tae hur bed,
       Bit neer spak mair.

27　　A cïntra Laird hud tain the batts,
　　　Ur some curmurrin ïn hïs guts,
　　　Hïs only son fur Hoarnbyuk sets,
　　　Un peys hum weel,
　　　The laud, fur twa gid gïmmur-pets,
　　　　Wis Laird hïmsel

28　　'A boanie lass- yi kent hur name-
　　　Some ull-brewn drïnk hud hove't hur wame;
　　　Shi trusts hursel, tae hide the shame,
　　　Ïn Hoarnbyuk's care;
　　　Hoarn sent hur aff tae hur lang hame
　　　Tae hide ït there.

29　　'That's jist a swaatch o' Hoarnbyuk's wey;
　　　Thus gaes he oan fae day tae day,
　　　Thus diz he poozhun, kull, un slay,
　　　Un's weel pey't fur't;
　　　Yït stoaps me o' mah lawfa prey,
　　　Wi hïs damn't durt!

30　　'Bit herk! Ah'll tell yi o' a ploat,
　　　Thoa dinna yi be speakin oa't;
　　　Ah'll nail the self-consaitit soat
　　　As deed's a herrin;
　　　Neest time we meet, Ah'll waad a groat,
　　　He gïts his fairin!'

31　　Bit jist as he bigood tae tell,
　　　The aul kïrk-hemmur strak the bell
　　　Some wee, shoart oor uyoant the twaal,
　　　Whïch rais't us baith:
　　　Ah tuk the wey thut pleas't masel,
　　　Un sae dïd Daith.

THE INVENTORY
THE ÏNVÏNTURY

Sur, as yur mandate dïd riquest,
Ah sen yi here a faithfa lïst
O' gids un gear un aw mah graith,
Tae whïch Ah'm clear tae gie mah aith.

Imprimis, Than, fur cairridge cattul:-
Ah hae fower brits o' gallant mettul
As ïvvur drew ufore a pettul:
Mah laun-ufore's a gid aul "hiz been",
Un wïcht un wullfa aw his days been.
Mah laun-uhin's a weel-gaun fïllie,
Thut aft his boarn me hame fae Kïllie,
Un yur aul burgh munny a time
Ïn days whan ridin' wis nae crime.
(Bit yïnce, whan ïn mah wooin' pride
Ah, lik a bloackheid, bist tae ride,
The wullfa craitur sae Ah pat tae—
Loard, paurdon aw mah sïns, un that tae!-
Ah play'd mah fïllie sic a shaivie,
She's aw bideevul't wi a spaivie.)
Mah fur-uhin's a wordy baste
As eer ïn tug un towe wis trace't
The fowerth's a Heilun Doanul hastie,
A damn't rid-wid Kilburnie blastie!
Furbye, a cowte, o' cowtes the wale,
As ever ran ufore a tail:
Ïf he be spare't tae be a baist,
He'll draw me fïfteen pun ut laist.

Wheel cairridges Ah hae bït few:
Three cairts, un twa ur feckly new;
Un aul wheelbarra—mair fur token,
Yae leg, un baith the trams ur broken:
Ah made a poker o' the spïnnle,
Un mah aul mither brunt the trïnnle.

Fur men, Ah've three mischeevous boays,
Run-deels fur fechtin un fur noaise:
A gaudsmun yïn, a thrasher t'ïther,
Wee Dauvoc hauds the nowte in foather.
Ah rule thum, uz Ah oacht, discreetly,
Un affen labour thum completely;
Un ey oan Sundays duly, nïchtly,
Ah oan the Questions tairge thum tïchtly:
Tull, faith! wee Dauvoc's growen sae gleg,
Tho' scarcely langer thun yur leg,
He'll screed yi aff 'Effectual calling'
As fast as oanie in the dwaallin.

Ah've nane ïn female sairvan' station
(Loard keep me ey fae aw temptation!):
Ah hae nae wife—un that mah blïss is—
Un yi hae laid nae tax oan mïsses;
Un than, ïf kïrk folk dinna clutch mi,
Ah ken the deevils daurna touch mi.

Wi wains Ah'm mair thun weel coantentit;
Heev'n sent me yin mair thun Ah waantit!
Mah soansie, smïrkin', deer-boacht Bess,
Shi stares the daady ïn hur face,
Eenyukh o' oacht yi like bit grace;
Bit hur, mah boanie, sweet wee leddy,
Ah've pey't eenyukh fur hur urreddy;
Un gin yi tax hur ur hur mithur,
By the Loard, yi'se git thum aw thegithur!

Bit pray, rimemmur, Mistur Aikun,
Nae kine o' licence oot Ah'm taakin';
Fae thïs time forth, Ah dae diclare
Ah'se neer ride hoarse nur hïzzie mair;
Thro' durt un dub fur life Ah'll paiddul,
Eer Ah sae dear pey fur a saiddul;
Ah've sturdy stumps, the Loard be thenkit,
Un aw mah gates oan fit Ah'll shank ït.
The Kïrk un you mey tak yi that,
Ït pits bit lïttul ïn yur pat:

Sae dinna pit mi ïn yur byuk,
Nur fur mah ten white shullins luk.

Thïs lïst, wi mah ain haun Ah've wrote ït,
The day un date as unnur noatit;
Than ken aw yi whaam ït coancerns,
Subscripsit huic,   Roaburt Burns.

LOVE AND LIBERTY
A Cantata
RECITATIVO

Whan lyart leaves bestrowe the yïrd,
Ur, waverin' lik the bauckie-burd,
Bedim caul Boreas' blast;
Whan hailstanes drive wi' bïtter skyte,
Un ïnfant froasts begin tae bite,
In hoary crawnruch drest;
Yae nïcht ut e'en a merry core
O' randie, gang-rul buddies
In Poosie-Nansie's held the splore,
Tae drink thur orra duddies:
Wi' quaaffin' un laakhin'
They ranted un they sang,
Wi' jumpin' un thumpin'
The vurra gïrdul rang.

2 Furst, neest the fire, ïn aul rid rags
Yïn sat, weel brace't wi' mealy bags
Un knapseck aw in oarder;
Hïs doaxy lay within hïs airm;
Wi' oosquibae un blankets waarm,
She blïnkit oan hur soadger.
Un ey he gies the toazie drab
The tither skelpin kïss,
While she held up hur greedy gab
Jist lik an aumous dïsh:
Ilk smack stull did crack stull
Lik oanie cadger's whup;
Than, swaggerin' un staggerin',
He roar't thïs dïtty up:-

RECITATIVO

He endit; un the keburs shyuck
Ubin the chorus roar;
While frïchtit rattuns backward luk,
Un seek the benmust bore:
A fairy fiddlur fae the nyuk,
He skïrl't oot *Encore!*
Bit up urose the mershal chuck,
Un laid the lood uproar:-

SODGER LADDIE
SOADJUR LAUDDIE

Ah yïnce wis a maid tho' Ah canny tell whan,
Un stull mah delïcht ïs ïn proaper young men;
Some yïn o' a troop o' Dragoons wis mah Daadie;
Nae wunner Ah'm foand o' a soadjur lauddie.

The furst o' mah lövs wis a swaggerin bled;
Tae rattle the thunnerin drum wis his tred;
His leg wis sae tïcht un his cheek wis sae ruddy,
Transpoartit Ah wis wi mah soadjur lauddie

Bit the goadly aul chaplin left hïm ïn the lurch;
The swurd Ah fursik fur the sake o' the church;
He venter't the sowle, un Ah rïsk't the boady;
'Twis than Ah privv't fause tae mah soadjur lauddie.

Foo shin Ah grew seik o' ma sanctifï't Soat;
The regiment ut lairge fur a husban Ah goat;
Fae the gïldet spoantin tae the fife Ah wis ready;
Ah askit nae mair bit a soadjur lauddie.

Bit the Peace ït reduce't me tae beg ïn dispair,
Tull Ah met mah aul boay ïn a Kïnnicum fair;
His rags regimentul they flutter't sae gaudy;
Mah hert ït rijice't it a soadjur lauddie.

Un noo Ah hiv leev'd— Ah ken no hoo lang!
Un stull Ah cin jine ïn a cup un a sang;
Un whilst wi baith hauns Ah cin haud the gless steady,
Here's tae thee, mah hero, mah soadjur lauddie.

RECITATIVO

Pair Merry-Anra ïn the nyuk
Sat guzzlin' wi a tïnkler-hizzie;
They mine't naw whaw the chorus tyuk,
Utween thumsels they wur sae busy.
He styter't up un made a face;
Than turn't un laid a smack oan Grizzie,
Syne tin't his pipes wi' grave grimace:-

SONG

Sur, Weesdum's a fill whan he's foo;
 Sur Knave ïs a fill ïn session:
He's there bit a prentice Ah troo,
Bit Ah um a fill bi profession.

2   Mah Grawnnie she boacht mi a byuck,
Un Ah held uwaw tae the skill:
Ah fear Ah mah talent mistyuck,
Bit whit wull yi hae uv a fill?

3   Fur drïnk Ah wud ventur mah neck;
A hizzie's the hauf o' mah craft:
Bit whit cud yi ither expeck
O' yïn that's uvoo-udly daft?

4   Ah yïnce wis tyet up lik a stïrk
Fur ceevilly sweerin' un quaffin';
Ah yïnce wis ubaiz't i' the kïrk
Fur toosin' a lass i' mah daffin'.

5   Pair Anra thut tummles fur sport
Lit naebuddy name wi' a jeer:
Thur's even, Ah'm tault, i' the Coort
A tummler caw't the Preemier.

6   Oabserv't yi yoan reverunt laud
       Mak faces tae tickle the moab?
       He rails ut oor muntibank squad—
       It's rivalshïp jist i' the joab!

7   Un noo mah conclusion Ah'll tell,
       Fur faith! Ah'm confoondetly dry:
       The chiel thit's a fill fur himsel,
       Gid Loard! he's faur dafter than I.

RECITATIVO

Than neest ootspak a raucle cairlin,
Whaw kent foo weel tae cleek the sterlin,
Fur munny a pursie she hud hookit,
Un hud in munny a waal been dookit.
Hur löv hud been a Heelun lauddie,
Bit weary faw the waefa widdie!
Wi' sïkhs un sabs shi thus began
Tae wail hur braw Joan Heelunman:-

SONG

BRAW JOAN HEELUNMAN

    Chorus
    Sïng hey mah braw Joan Heelunman!
    Sïng ho mah braw Joan Heelunman!
    Thur's no a laud ïn aw the laun
    Wis match fur mah Joan Heelunman!

1   A Heelun laud mah luv wis boarn,
       The laallun laws hi held ïn scoarn,
       Bit he stull wis faithfa tae his clan,
       Mah gallant, braw Joan Heelunman.

2   Wi his philïbeg un taurtun pleid,
       Un gid cleymore doon bi his side,
       The leddies herts he did tripan,
       Mah gallant, braw Joan Heelunman.

3   We reinge-it aw fae Tweed tae Spey,
    Un leev't lik loards un leddies gey:
    Fur a laallun face he fearit nane,
    Mah gallant, braw Joan Heelunman.

4   They banish't hïm uyont the sea,
    Bit eer the bud wis oan the tree,
    Udoon mah cheeks the pearls ran,
    Embracin mah Joan Heelunman.

5   Bit, Oakh! they catch't him ut the last,
    Un boon hïm ïn a dunjun fast;
    Mah curse upoan thum ïvry waan,
    They've hïng't mah braw Joan Heelunman.

6   Un noo a weeda Ah must mourn
    The pleezhurs that wull neer return;
    Nae comfort bit a herty can,
    Whan Ah thïnk oan Joan Heelunman.

RECITATIVO

1   A pigmy scraper oan a fïddle,
    Whaw yiss't tae trystes un fairs tae drïddle,
    Hur strappin lïmb un gawsie mïddle
    (He reach't nae heekhur)
    Hud hoal't his hertie lik a rïddle,
    Un blawn't oan fire.

2   Wi' haun oan hainch un upwart ee,
    He crinn't his gamut, yïn twaw, three,
    Than ïn un *arioso* key
    The wee Upoallo
    Set aff wi' *allegretto* glee
    His *giga* solo:-

SONG
WHISTLE OWRE THE LAVE O'T
WHUSSUL OWRE THE LAVE O'T

    chorus
    Ah um a fïddlur tae mah trade,
    Un aw the tins thut eer Ah play'd,
    The sweetist stull tae wife ur maid
    Wis Whussul Owre the Lave O't.

1   Lit me ryke up tae dïcht thut tear;
    Un gae wi me un be mah dear,
    Un than yur ïvry care un fear
    Mey whussul owre the lave o't

2   At kïrns un wahdins we'se be there,
    Un O, sae nicely's we wull fare!
    Wuh'll booze uboot tull Daaddie Care
    Sïng Whussul Owre the Lave O't.

3   Sae mairrily the banes wuh'll pyke,
    Un sun oorsels uboot the dyke;
    Un ut oor leezhur, whan yi like,
    Wuh'll-whussul owre the lave o't!

4   Bit blïss mi wi yur heev'n o' chairms,
    Un while Ah kïttle hair oan thairms,
    Hung-ur, caul, un sic herms
    Mey whussul owre the lave o't.

RECITATIVO

1   Hur chairms hud struck a sturdy caird
    As weel as pair gut-scrapur;
    He taks the fïddlur bi the baird,
    Un draws a roosty rapier;
    He swör bi aw wis sweerin worth
    Tae speet hïm lik a plivur,
    Unless he wid fae thut time furth
    Relïnquish hur fur ïvur.

2   Wi ghaistly ee pair Tweedul-Dee
Upoan hïs hunkurs bennit,
Un pray'd fur grace wi rue-fa face,
Un sae the quaarul ennit.
Bit tho' hïs littul hert dïd grieve
Whan roon the tïnklur prest hur,
He feign't tae snïrtul ïn hïs sleeve
Whan thus the caird uddress't hur:-

CLOUT THE CAULDRON
CLOOT THE CAUDRUN

1   Mah boanie lass, Ah waark in bress,
A tïnklur ïs mah station;
Ah've traivult roon aw Kïrstyun grun
Ïn thïs mah oaccupation;
Ah've tain the gowd, un been inrowe't
Ïn munny a noabul squadron;
Bit vain hae they search't whun aff Ah mairch't
Tae gae un cloot the caudrun.

2   Dispeise thut shrïmp, thut wïthurt ïmp,
Wi aw hïs noaise un caipur'n,
Un tak a share wi thae thut beer
The budget un the aipurn!
Un bi thut stowp, mah faith un howp!
Un bi thut dear Kulbaigie!
Ïf eer yi waant, ur meet wi scant,
Mey Ah neer weet mah craigie!

RECITATIVO

1   The caird privail't: th'unblushin fair
Ïn hïs umbraces sunk,
Pairtly wi löv owrecome sae sair,
Un pairtly shi wis drunk.
Sur Violino, wi un air
Thut shaw't a man o' spunk,
Wïsh't unison utween the pair,
Un made the boattul clunk
Tae thur health that nïcht.

2 Bit hurchin Cupid shoat a shaft,
  Thut play't a dame a shaivie;
  The fïddlur rake't hur fore un aft
  Uhint the chïcken caivie;
  Hur loard, a wïcht o' Homer's craft,
  Tho' lïmpin wi the spaivie,
  He hurpult up, un lap lik daft,
  Un shoar't thum 'Dainty Davie'
  O' bit thut nïcht.

3 He wis a care-difyin' blade
  As ïvur Bacchus lïstit!
  Tho' Faortin sair upoan hïm laid,
  Hïs hert, shi ïvur mïss't ït.
  He hud nae wïsh bit- tae be gled,
  Nur waant bit- whun he thrïstit,
  He hate't noacht bit tae be sad;
  Un thus the Maiz suggestit
  Hïs sang thut nïcht:-

SONG

FOR A' THAT, AN' A' THAT
   <u>FUR AW THÏT, UN AW THÏT</u>

  Chorus
  Fur aw thït, un aw thït,
  Un twice as muckul's aw thït,
  Ah've loast bit yïn, Ah've twaw uhïn,
  Ah've wife inyukh fur aw thït.

1 Ah um a Baurd, uv nae rigaurd
  Wi gentle folk un aw thït,
  Bit Homer-lik the glowre-in byke,
  Fae toon tae toon Ah draw thït.

2 Ah nïvur drank the Maiz's stank,
  Castalia's burn, un aw thït;
  Bit there ït streams, un rïtchly reams-
  Mah Helicon Ah caw thït.

3   Great löv Ah beer tae aw the fair,
    Thur hummul slave un aw thït;
    Bit loardly wull, Ah haud it stull
    A moartul sin tae thraw thït.

4   In rapturs sweet thïs oor we meet
    Wi mutual löv un aw thït;
    Bit fur hoo lang the flee mey stang,
    Lit inclinatiun law thït!

5   Thur trïcks un craft hae pit me daft,
    Thu've tain me in, un aw thït;
    Bit clear yur decks, un here's the Sex!
    Ah like the jauds fur aw thït.

    Chorus
    Fur aw thït, un aw thït,
    Un twice as muckul's aw thït,
    Mah dearest blid, tae dae thum gid,
    Thu'r walcum tull't fur aw thït!

RECITATIVO

Sae sung the Baurd, un Nansie's waws
Shuk wi a thunnur o' upplause,
Re-eckoat fae each mooth!
They timm't thur poaks, they pawn't thur duds,
They scarcely left tae coor thur fuds,
Tae quïnch thur lowe-in drooth.
Than owre ugane the joviul thrang
The Poet dïd riquest.
Tae lowse hïs pack, un wale a sang,
A baulud o' the best:
He rise-in, rijeisin
Utween hïs twaw Diboarahs,
Luks roon hum, un fun thum
Impaishunt fur the chorus.

The next part is in English.

THE DEATH AND DYING WORDS OF POOR MAILIE
THE DAITH UN DEEIN WORDS O' PAIR MAILIE

As Mailie un hur lambs thigithur,
Wis yae day nïbblin oan the tethur,
Upoan hur clit shi kist a hïtch,
Un owre shi waarsult ïn a dïtch:
There, grainin, deein, she did lie,
Whun Hughoc he cam deitin by.

Wi glowe-rin een, un lïftit hauns
Pair Hughoc lik a statya stauns;
Hi saw hur days wur near-haun endit,
Bit, wae's mah hert! hi coodna men it!
Hi gaipit wide, bit naethin spak,
Ut length pair Mailie silence brak:-

'O thoo, whaws lamintubul face
Uppears tae murn mah waefa case!
Mah deein words uttentive hear,
Un beer thum tae mah Maistur dear.

Tell hïm, ïf eer ugane hi keep
Uz muckle gear uz buy a sheep—
O, bïd hïm nïvur tie thum mair,
Wi wïckit strïngs o' hemp ur hair!
Bit caw thum oot tae park ur hull,
Un lit thum waunnur ut thur wull:
Sae mey hïs floack ïncrease un growe
Tae scores o' lambs, un packs o' oo!

Tell hïm, hi wis a maistur kine,
Un ey wis gid tae me un mine;
Un noo mah deein chairge Ah gie um,
Mah helpluss lambs, Ah trust thum wi um.

O, bïd hïm save thur hairmluss lives,
Fae dugs, un toads, un buhtchurs' knives!
Bit gie thum gid coo-mulk thur fuhl,
Tull they bi fït tae fen thumsel;
Un tent thum duly, een un moarn,
Wi taits o' hey un rïpps o' coarn.

Un mey they nïvur lairn the gaits
O' ithur vile, waanrestfa Pets!
Tae slïnk thro' slaps, un reave un steal,
Ut stacks o' pease, ur staocks o' kail.
Sae mey they, lik thur great forebeers,
Fur munnie a year come thro' the sheers:
Sae wifes wull gie thum bïts o' breed,
Un bairns greet fur th'm whun thuh're deed.

Mah pair tip-lamb, mah son un heir,
O, bïd hïm breed hïm up wi care!
Un ïf hi leeve tae be a beast,
Tae pit some havins ïn hïs breest!
Un waarn hïm— ey ut ridin' time,
Tae stey coantent wi yowes ut hame;
Un no tae rïn un weer hïs clits,
Lik ithur mensluss, graceluss brits.

Un neest mah yowie, sully thïng,
Gid keep thee fae a tethur strïng!
O, mey thoo neer furgethur up,
Wi oanie blastit, mairlun tïp;
Bit ey keep mine tae mip un mell,
Wi sheep o' craidit lik thysel!

Un noo, mah bairns, wi mah last braith
Ah lee mah blissin wi yi baith;
Un whun yi thïnk upoa yur Mithur,
Mine tae be kine tae yïn unithur.

Noo, oanist Hughoc, dinna fail,
Tae tell mah Maistur aw mah tale;
Un bïd hïm burn thïs cursit tethur,
Un fur thy pains thoo's gït mah blethur.'
Thïs sid, pair Mailie turn't hur heed,
Un clos't hur een umang the deed!

POOR MAILIE'S ELEGY
PAIR MAILIE'S AILIJIE

1   Lament in rhyme, lament in prose,
    Wi saut tears tricklin doon yur nose;
    Oor Baurdie's fate is ut a close,
    Past aw rimeed!
    The last, sad cape-stane o' his waes;
    Pair Mailie's deed!

2   Its no the loass oa waurl's gear,
    Thut could sae bittur draw the tear,
    Ur mak oor Baurdie, dowe-ie, weer
    The murnin weed:
    Hi's loast a freen un neebur dear,
    In Mailie deed.

3   Thro' aw the toon shi troatit by him;
    A lang hauf-mile shi could discry him;
    Wi kinely bleet, whun shi did spy him,
    Shi ran wi speed;
    A freen mair faithfa neer cam nigh him,
    Thun Mailie deed.

4   Ah waat shi wis a sheep o' sense,
    Un could bihave hursel wi mense:
    Ah'll say't, shi nivur brak a fence,
    Thro' thievish greed.
    Oor Baurdie, lanely, keeps the spence
    Sin Mailie's deed.

5   Ur, if hi waunnurs up the howe,
    Hur leevin eemij in hur yowe,
    Comes bleatin till him, owre the knowe,
    Fur bits o' breed;
    Un doon the briny pairls rowe
    Fur Mailie deed.

6   Shi wis nae get o' mairlun tïps,
     Wi tautit ket, un hairy hïps;
     Fur hur forebeers wur broacht ïn shïps,
     Fae yoant the Tweed:
     A boaniur fleesh neer croass't the clïps
     Thun Mailie's deed.

7   Wae worth that man whaw furst dïd shape,
     That vile, waanchancie thïng—a raip!
     Ït maks gid fallas girn un gape,
     Un Roabin's bunnit wave wi crape
     Fur Mailie deed.

8   O, aw yi Baurds oan boanie Din!
     Un whaw oan Aire yur chanturs tin!
     Come, jine the meluncoalius crin
     O' Roabin's reed!
     Hïs hert wull nïvur git ubin!
     Hïs Mailie's deed.

ON A SCOTCH BARD
OAN A SCOATCH BAURD

1   Aw yee whaw leev bi sowps o' drïnk,
     Aw yee whaw leev bi crambo-clïnk,
     Aw yee whaw leev un nïvvur thïnk,
     Come murn wi me!
     Oor buhlly's gien us aw a jïnk,
     Un owre the sea!

2   Lament hïm aw yi rantin core,
     Whaw dearly like a random-splore;
     Nae mair he'll jine the merry roar
     In social key;
     Fur noo he's taen unither shore,
     Un owre the sea!

3 The boanie lasses weel mey wiss him,
  Un in thur dear piteeshuns place him;
  The weedas, wives, un aw mey bless him
   Wi teerfa ee,
  Fur weel Ah waat thuh'll sairly miss him
  Thut's owre the sea!

4 O Foartin, they hae room tae grummle!
  Hudst thoo taen aff some droosy bummle,
  Whaw cin dae noacht bit fyke un fummle,
   'Twad been nae plea;
  Bit he wis gleg as oanie wummle,
  That's owre the sea!

5 Aul, cantie Kyle mey weepurs weer,
  Un stain thum wi the saut, saut teer;
  'Twull mak hur pair aul hert, Ah fear,
   In flinnurs flee:
  He wis hur Lauriate munny a year,
  Thut's owre the sea!

6 He saw Misfoartin's caul noar-waast
  Lang-musturin up a bittur blast;
  A jillut brak his hert ut last,
   Ull mey shi be!
  Sae, tuk a birth ufore the mast,
  Un owre the sea.

7 Tae trimmle unnur Foartin's cummuck,
  Oan scarce a belly-fa o' drummuck,
  Wi his prood, indipendunt stummuck,
   Cud ull ugree;
  Say, rowe't his hurdies in a hammuck,
  Un owre the sea.

8 He neer wis gee-in tae great misguidin',
  Yit kein his pooches wudnay bide in;
  Wi him it neer wis unnur hidin',
   He dailt it free:
  The Maise wis aw thut he tuk pride in,
  Thut's owre the sea.

9   Jimaica buddies, yaise hïm weel,
         Un hap hïm ïn a coasy beel;
         Yi'll fun hïm ey a denty cheel,
         Un foo o' glee:
         He wudnay wrang't the vurra Deel,
         Thut's owre the sea.

10   Fareweel, mah rhyme-cumpoasin buhl-ie!
         Yur native seil wis rïcht ull-wullie;
         Bit mey yi flourish lik a lully,
         Noo boanilie!
         Ah'll toas yi in mah hïnmust jullie,
         Tho' owre the sea!

TAM O' SHANTER
TAM I' SHANTUR

Whun chapman buhlies leave the street,
Un droothy neeburs, neeburs meet,
As merkit days ur weerin late,
Un folk bigin tae tak the gate;
While we sït boosin at the nappie,
Un gïttin foo un unca happy,
We thïnk-na oan the lang Scoats miles,
The moassis waatturs slaps un styles,
That lie utween us un oor hame,
Whaur sïts oor sulky sullen dame,
Getherin her broos lik getherin stoarm,
Nursin' her rath tae keep ït waarm.

This trith fun oanist Tam i' Shantur,
As he fae Ayr yae nïcht did cantur,
(Aul Ayr, wham neer a toon surpassies,
Fur oanist men un boanie lassies.)

O Tam! hudst thoo bit been sae wice,
As taen thy ain wife Kate's advice!
She tault thee weel thoo wis a skellum,
A bletherin, blusturin drucken blellum;
Thit fae Noavembur tïll Oactobur,

Yae merkit-day thoo wisnay sober;
That ilka meldur wi the mullur,
Thoo sat as lang as thoo hïd sullur;
That ïvvrie naig wis cawd a shae on,
The smïth un thee gat rairin foo on;
Thut it the Loard's hoose, even oan Sunday,
Thoo drank wi Kïrton Jean tull Monday.
Shi proaphesit thut late ur shin,
Thoo wid be fun, deep droont ïn Din;
Ur catch't wi waarlocks ïn the mïrk,
Bi Allowa's aul haantit kïrk.

Ah, jentul dames! ït gurs me greet
Tae thïnk hoo munny cooncils sweet,
Hoo munny lenghthun't sage advices,
The husbun fae the wife dispises!

Bit tae oor tale: Yae merkit nïcht,
Tam hud goat plantit unca rïcht;
Fast bi un ïng-ul, bleezin finely,
Wi reamin swaats thut drank divinely;
Un at his elba, Sootur Joanny,
His anshunt, trusty droothy croany;
Tam loo'd him lik a vurra brithur,
They hud been foo fur weeks thegithur.
The nïcht drave on wi sangs un clattur;
Un ey the yull wis growe'in bettur:
The launleddy un Tam grew gracious,
Wi saicrut faivurs, sweet un praicious;
The Sootur tault his queerest stories;
The launloard's laakh wis ready chorus:
The stoarum withoot mïcht rair un russle,
Tam didna mine the stoarum a whussul.

Care, mad tae see a man sae happy,
Een droon't hïmsel amang the nappy:
As bees flee hame wi lades o' treezhur,
The meenits wïng't thur wey wi pleezhur:
Keengs mey be blist, bit Tam wis glorious,
Owre aw the ulls o' life, victorious!

Bit, pleezhurs ur lik poappies spread,
Yi seize the floo-r, its blim is shed;
Ur lik the snaw faws ïn the rivvur,
A moment white than melts fur ïvur;
Ur lik the borealis race,
That flït eer yi kin pint thur place;
Ur lik the rainba's lovely foarum
Evanishin amid the stoarum.—
Nae man cïn tether time ur tide;
The oor upproaches Tam mun ride;
That oor, o' nïcht's black airch the keystane,
That dreary oor Tam munts his beast ïn;
Un sic a nïcht he taks the road ïn,
As nee'r pair sïnner wis ubroad ïn.

The wun blew as twud blawn ïts last;
The rattlin shoo'rs raise oan the blast;
The speedy gleams the daurkniss swaallit;
Lood deep un lang the thunner bella't:
That nïcht a chiel mïcht unnerstaun,
The deil hud bizniss oan his haun.

Weel muntit on his grey meer, Meg,
A bettur nïvur luftit leg,
Tam skelpit oan through dïb un mire,
Dispeisin wun un rain un fire;
Whiles haudin fast his gid blue bunnit;
Whiles crinnin owre some aul Scoats soanit;
Whiles glowerin roon wi prudent cares,
List boaguls catch him unawares:
Kïrk-Alloa wis drawin nigh,
Whaur ghaists un hoolets nïchtly cry.—

Bi this time hi wis croass the förd,
Whaur ïn the snaw, the chapmun smörred;
Un past the bïrks un muckle stane,
Whaur drucken Chairlie brak's neck-bane;
Un through the whuns, un by the cairn,
Whaur hunters fun the murther't bairn;
Un nerr the thoarn, ubin the waal,

Whaur Mungo's mither hïng't hursel.—
Ufore hïm Din poors aa his flids;
The dooblin stoarum rairs through the wids;
The lïchtnins flash fae pole tae pole;
Nerr un mair nerr the thunnurs roll;
Whan, glïmmerin through the grainin trees,
Kïrk-Allowa seem't in a bleeze;
Thro ilka bore the beams wur glancin;
Un lood risoondit mïrth un dancin.

Inspirin bauld Joan Baurliecoarn!
Whit dangers thoo cïnst mak us scoarn!
Wi tïppenny, we fear nae evil;
Wi usquibae wu'll face the deevil!
The swaats sae ream't ïn Tammy's noadul,
Fair play, he care't-nay deils a boadul.
Bit Maggie stid, rïcht sair ustoanish't,
Tull bi the heel un haun admoanish't,
She venturt furrit oan the lïcht;
Un, woo! Tam saw un unca sïcht!
Waarlucks un wïtches ïn a dance;
Nae cotillion brent new fae France,
Bit hoarnpipes, jïgs, strathspeis un reels,
Pit life un mettle ïn thur heels.
A wunnock bunker ïn the east,
There sat aul Nïck ïn shape o' beast;
A toosie tyke, black, grim un lairge,
Tae gie thum maisic wis his chairge:
He screwed the pipes un gurt thum skïrl,
Till riff un rafters aw did dïrl.—
Coaffins stid roon lik op'm presses,
Thit shawed the deid ïn their last dresses;
Un bi some deevlish cantrup slïcht
Each in ïts caul haun held a lïcht.—
Bi whïch heroic Tam wis able
Tae note upoan the haly table,
A murthurur's banes in gibbet airns;
Twaw, span-lang, wee unkirsunt bairns;
A thief, new cuttit fae a rape.
Wi his last gasp his gab did gape;

Five toamyhauks, wi blid rid-roostit;
Five scimitars, wi murther crustit;
A gairtun, which a babe hud strangl't;
A knife, a faither's throat hud mangl't,
Wham his ain son o' life bereft,
The grey hairs yit stack tae the heft;
Wi mair o' hoarrubul un awfa,
Which een tae name wud be unlawfa.

As Tammie glower't, amazed un curious,
The mirth un fun grew fast un furious:
The piper lood un looder blew,
The dancers quick un quicker flew;
They reel't, they set, they croass't, they cleekit,
Tull ilka cairlin swaat un reekit,
Un kist hur duddies tae the waark
Un linket at it in hur sark!

Noo Tam, Aw Tam! hud they been queens,
Aw plump un strappin in thur teens;
Thur sarks, insteed o' creeshie flennun,
Been snaw-white seevinteen hunnur linnun!
Thur breeks o' mine, ma only pair,
That yince were plush, o' guid blue hair,
Ah wud hae gee'in thum aff ma hurdies,
Fur yae blink o' the boanie burdies!

Bit withur't beldums, aul un droall,
Rigwuddie hags wud spain a foal,
Lowpin un fling-in oan a crummuck,
Ah wunner didny turn thy stummuck.

Bit Tam kent whit wis whit foo brawlie,
There wis yae winsome winch un wawlie,
That nicht inlistit in the core,
(Lang eftur ken't oan Carrick shore;
Fur munny a beast tae deed she shoat,
Un perish't munny a boany boat,
Un shyuk baith muckle coarn un beer,
Un kept the kintry-side in fear:)

102

Her cutty sark, o' Paislay harn,
Thut, while a lassie, she hud woarn,
In loangitude tho' sairly scanty,
It wis her best un she wis vaunty.—
Ah! littul kenn't thy rev'runt grannie,
That sark shi coaft fur hur wee Nannie,
Wi twaw pun Scoats (Twis aw hur riches),
Wud ivvur grace a dance o' witches!

Bit here ma Maiz hur wing mun coo'r;
Sic flichts ur faur uyoant hur poo'r;
Tae sing hoo Nannie lap un flang,
(A soopul jaud shi wis, un strang),
Un hoo Tam stid lik yin biwitch't,
Un thoacht his vurra een inrich't,
Een Sawtun glower't, un fidg'd fu fain,
Un hoatch't un blew wi micht un main:
Tull furst yae caper, syne unither,
Tam tint his reason aw thegither,
Un rairs oot, "Weel din, Cutty-sark!"
Un in an instunt aw wis daurk:
Un scarcely hud he Maggie ralli't,
Whun oot the hellish legion salli't.

As bees bizz oot wi ang-ry fyke,
Whun plunnerin herds assail thur byke;
As oap'm pussie's moartal faes,
Whun, poap! shi sterts ufore thur nose;
As eagur rins the merkit-crood,
Whun "Catch the thief!" risoons ulood;
Sae Maggie rins, the witches foala,
Wi munny un elritch skreekh un hoala.

Ah, Tam! Ah, Tam! thoo'll git thy fairin!
In hell they'll roast thi lik a herrin!
In vain thy Kate awaits thy comin'!
Kate shin wull be a waefa wummin!
Noo, dae thy speedy utmaist, Meg,
Un wun the keystane o' the brig;
There ut thaim thoo thy tail mey toass,

A rïnnin stream they daurny croass.
Bit eer the key-stane shi cud mak,
The fient a tail shi hud tae shak!
Fur Nannie, faur ufore the rest,
Hard upoan noble Maggie prest,
Un flew at Tam wi fyirious ettul,
Bit lïttle wïst shi Maggie's mettul—
Yae sprïng broacht aff hur maistur hale,
Bit left uhïnt her ain grey tail:
The cairlin claucht hur bi the rump,
Un left pair Maggie scarce a stump.

Noo, whaw this tale o' trith shall read,
Ilk man un mithur's son tak heed:
Whuneer tae drink yi ur inclein't
Ur cutty-sarks rïn ïn yur mine,
Thïnk! yi mey buy the jeys owre dear—
Rimemmur Tam i' Shantur's meer.

Robert Burns

THE TWA DOGS
THE TWAW DUGS

A TALE

'Twiz ïn that place o' Scoatlun's isle,
Thut beers the name o' aul Keeng Kyle,
Upoan a boanie day ïn Jin,
Whun weerin thro' the efturnin,
Twaw Dugs, thut wurna thrang ut hame,
Furgaither't yïnce upoan a time.

The furst Ah'll name, they caw'd hïm Caesar,
Wis keepit fur His Oanur's pleezhur;
His hair, his size, his mooth, his lugs,
Shaw'd he wis nane o' Scoatlun's dugs,
Bit whaalpit some place faur ubroad,
Whaur sailurs gang tae fish fur Coad.

104

His loakit, lettur't, braw bress-coalur
Shaw'd hïm the gentlemun un scoalur;
Bit tho' he wis o' heekh digree,
The feent a pride, nae pride hud he,
Bit wud hae spent un oor caressin,
Een wi a Tïnkler-gïpsy's messun:
At Kïrk, ur Merkit, Mull, ur Smiddie,
Nae tawtit tyke, tho' eer sae duddie,
Bit he wud staun't, as gled tae see um,
Un stroan't oan stanes un hullocks wi um.

The tithur wiz a ploomun's coalie,
A rhymin, rantin, ravin buhlie—;
Whaw fur his freen un cumrud hud um,
Un ïn his freaks, hud Luath caw'd um,
Eftur some dug in Heelun sang,
Wis made lang syne,- Loard kens hoo lang.

He wis a gash un faithfa tyke,
As ever lap a shyukh ur dyke,
His oanist, soansie, bawsunt face
Ay gat um freens ïn ïlka place;
His breest wis white, his toosie back
Weel cled wi coat o' gloassy black;
His gawsie tail, wi upwurd curl,
Hung owre his hurdies wi a swurl.

Nae doot bit they wur fain o' ither,
Un unca pack, un thïck, thegither;
Wi social nose whyles snuff't un snowkit;
Whyles mice un mowdiewurks they howkit;
Whyles scoor't uwaw ïn lang excursion,
Un worry't ither, ïn diversion;
Tull tire't ut last wi munny a ferse,
They sat thum doon upoan thur erse,
Un there bigan a lang digression
Uboot the 'loards o' the creation.'

CAESAR

Ah've affen wunner't, oanist Luath,
Whit soart o' life pair dugs lik you huv;
Un whun the jïntry's life Ah saw,
Whit wey pair buddies leev't uvaw.

Oor Laird, gits ïn his rackit rents,
His coals, his kain, un aw his stents:
He rises whun he likes hïmsel;
His flunkies ansur at the bell;
He caws his coach; he caws his hoarse;
He draws a boanie sulken purse,
As lang's mah tail, whaur, thro' the steeks,
The yella-lettur't Geordie keeks.

Fae moarn tae e'en, ït's noacht bit teilin',
Ut bakin, roastin, fryin, beilin;
Un tho' the jïntry furst ur stekhun,
Yit eev'n the haw-folk fuhl thur pekhun
Wi sauce, ragooz, un sic lik trashtrie,
Thut's lïttul shoart o' doonrïcht waistrie:
Oor whupper-ïn, wee, blastit wunnur,
Pair, worthless elf, ït eats a dïnnur,
Better than oanie tinnunt-man
His Oanur his in aw the laun;
Un whit pair coat-folk pit thur painch ïn,
Ah own ït's past mah coamprihainshun.

LUATH

Trowth, Caesar, whyles they're fash't inyukh:
A coattur howkin in a shyukh,
Wi durty stanes bïggin a dyke,
Bairin a quaarie, un sic like;-
Hïmsel, a wife, he thus sustains,
A smeytrie o' wee duddie wains,
Un noacht bit his haun-daurk, tae keep
Thum rïcht un tïcht, ïn thack un rape.

Un whan they meet wi sair disasturs,
Lik loass o' hailth, ur waant o' maisturs,
Yi maist wud think, a wee touch lang-ur,
Un they mun sterve o' caul un hung-ur;
Bit hoo ït comes, Ah never kent yït,
They're maistly wunnurfa coantentit
Un bairdlie cheels, un clivvur hizzies,
Ur bred ïn sic a wey uz this is.

CAESAR

Bit than, tae see hoo yu'r nigleckit,
Hoo huff't, un cuff't, un disrispeckit!
Loard man, oor jïntry care as lïttle
Fur delvurs, dïtchurs, un sic cattle;-
They gang as saucy by pair folk,
As Ah wid by a stïnkin broak.

Ah've notice't, oan oor laird's coort-day,
(Un munny a time mah hert's been wae),
Pair tinnunt buddies, scant o' cash,
Hoo they mun thoal a factur's snash:
He'll stamp un thraitun, curse un sweer
He'll apprihend thum, pin thur gear;
While they mun staun,- wi aspeck hummul,
Un hear it aw, un fear un trummul!

Ah see hoo folk leeve thut hae rïches;
Bit shairly, pair folk mun be wratches!

LUATH

They're no sae wratchit 's yïn wid thïnk:
Tho' coanstuntly oan pairtith's brïnk,
They're sae accustom't wi the sïcht,
The view o't, gies thum lïttul frïcht.
Than chance un foartin ur sae guide-it,
They're ey in less, ur mair, providit;
Un tho' fatig'd wi close imploaymunt,
A blïnk o' rest's a sweet injoaymunt.

The dearest coamfurt o' thur lives,
Thur grushie wains un faithfa wives;
The prattlin thïngs ur jist thur pride,
Thut sweetuns aw thur fire-side.
Un whyles twalpennie worth o' nappy
Cïn mak the buddies unca happy;
They lay uside thur private cares,
Tae mine the Kïrk un State uffairs;
They'll talk o' paitrunidge un priests,
Wi' kennlin fury i' thur breests,
Ur tell whit new taxation's comin',
Un ferlie ut the folk ïn' Lunnun.

As bleak-face't Hallamus riturns,
They gït the joaviul, rantin Kïrns,
Whun roorul life, o' ïvry station,
Unite in coammun recreation;
Löv blïnks, Wut slaps, un soshul Mïrth
Furgits thur's care upoa the yïrth.
Thut mairry day the year bigïns,
They baur the door oan froasty wïns;
The nappy reeks wi' mantlin ream,
Un sheds a hert-inspirin steam;
The luntin pipe, un sneeshin mull,
Ur haunit roon wi' rïcht gid wull;
The cantie aul folks, crackin croose,
The young yïns rantin thro' the hoose—
Mah hert his been sae fain tae see thum,
Thut Ah fur jey hae barkit wi thum.

Stull ït's owre true thut yi hae say't
Sic gemm ïs noo owre oafen play't;
Thur's munny a craiditubul stoack
O' daisunt, oanist, fawsunt folk,
Ur rivvun oot, baith rit un brainsh,
Some rascul's pridefa greed tae quainsh,
Whaw thïnks tae knït hïmsel, the fastur
Ïn favor wi' some gentle maistur,
Whaw aiblins thrang a pawrlimentin,
Fur Brittun's gid his saul indentin—

CAESAR

Haith laud!- yi littul ken uboot ït;
Fur Brittun's gid!- gid faith! Ah doot ït.
Say raither, gaun as PRIMEERS lead um,
Un sayin aye ur naw's they bïd um;
At Oapuras un Plays paradin'
Moar-gujin, gammlin, masquiraidin;
Ur mïbbi, ïn a froalic daft,
Tae HAGUE ur CAALLIS taks a waft,
Tae mak a towr un tak a whurl,
Tae lairn bong-tong un see the waurl.

There, ut Vienna ur Versails,
He rives his faithur's aul intails;
Ur bi Madrid he taks the rowt,
Tae thrum gittars un fecht wi nowt;
Ur doon Italian vista stertuls,
Hure-huntin umang groves o' mïrtuls
Than booses drumlie German-watter,
Tae mak hïmsel luk fair un fatter,
Un purge the bïtter gaws un cankurs
O' curst Venetian bores un chankurs.

Fur Brittun's gid! fur hur distruction!
Wi' dissipation,- feud un faction!

LUATH

Hekh man! dear surs! ïs that the gate,
They waste sae munny a braw istate!
Ur we sae foakhun un hurass't
Fur gear tae gang thut gate ut last!

O wid they stey uback fae coorts,
Un please thumsels wi kïntra sports,
Ït wid fur ïvry yïn be bettur,
The Laird,- the Tïnnunt,- un the Coattur!
Fur thae frank, rantin, rammlin buhlies,
Fient haet o' thaim's ull hertit fallas;

Excep fur breckin o' thur tïmmur,
Ur speakin lichtly o' thur lïmmur,
Ur shittin o' a hare ur maircoack,
The neer-a-bït, they're ull tae pair folk.

Bit wull yi tell me, maistur Caesar,
Shair great folk's life's a life o' pleezhur?
Nae caul nur hung-ur eer cïn steer thum,
The verra thoacht o't needna fear thum.

CAESAR

Loard man, wur yi bit whyles whaur Ah um,
The jentuls, yi wid neer envye thum!
It's true, they needna sterve ur sweet,
Thro' Wïntur's caul, ur Sïmmur's heat;
They've nae sair-wark tae craze thur banes,
Un fuhl aul-age wi' grïps un granes;
Bit human-buddies ur sic fills,
Fur aw thur coalidges un skills,
Thut whan nae rale ulls perplex thum,
They mak unyoo thumsels tae vex thum;
Un ey the less they hae tae sturt thum,
In like proportion, less wull hurt thum.

A kïntra falla at the pyukh,
His acre's tull't, he's rïcht enyukh;
A kïntra gurl at hur wheel,
Hur dizzen's din, she's unca weel;
Bit Jentulmen,— un Leddies waarst,
Wi' eev'n doon waant o' waark ur curst.
They leitur, loonjin, lank un lazy;
Tho' deil-hait ails thum, yït unaisy;
Thur days, ïnsïpid, dull un tasteluss;
Thur nïchts, unquait, lang un restluss.
Un eev'n thur sports, thur baws un races,
Thur gallupin thro' public places,
Thur's sic parade, sic poamp un airt,
The jey cïn scarcely reach the hert.

The men kist oot ïn pairty-matches,
Than sowther aw in deep dibatches'
Yae nïcht thu're mad wi drïnk un hoorin,
Neest day thur life ïs past endurin.

The Leddies airm-ïn-airm ïn clusturs,
As great un gracious aw as sïsturs;
Bit hear thur absunt thoachts o' ither-,
They're aw run deels un jauds thigithur-.
Whyles, owre the wee bït cup un plaitie,
They sïp the scandul-potion pritty;
Ur lee-lang nïchts, wi crabbit luks,
Pore owre the deevil's pictur't byuks;
Stake oan a chance a fermur's stackyurd,
Un cheet lik oany unhïng't blagyurd.

Thur's some exceptions, man un wumman;-
Bit this ïs Jintry's life ïn coammun.

Bi this, the sun wis oot o' sïcht,
Un daurkur gloamin broakht the nïcht;
The bum-cloak humm't wi lazy drone,
The kye stid rowtin' i' the loan;
Whun up they gat un shyuk thur lugs,
Rejeis't they wurna men, bit dugs;
Un each tuk aff his sevrul wey,
Risoalv't tae meet some ither day.

SONGS AND SHORTER POEMS

AE FOND KISS

YAY FOAND KÏSS

1   Yay foand kïss, un than wi sever,-
Yay fareweel un than - fur ïvur
Deep ïn hert-wrung tears A'll pledge thee!
Warrin sikhs un grains A'll wage thee!

2   Wha shull say thut foartin greives um,
While the staur o' hope shi leaves um?
Me, nae cheerfa twinkul lïchts mi,-
Daurk dispair uroon binïchts mi.

3   Ah'll ne'er blame ma partiul fancy,
Naethin cud resïst ma Nancy;
Bit tae see hur wis tae löv hur,
Löv bit hur, un löv fur ïvur.

4   Hud we never loo'd sae keinly,
Hud we never loo'd sae blinly,
Nïvvur met ur nïvvur pairtit,
We hud neer been broakun-hertit.

5   Fare-thee-weel, thoo furst un fairest!
Fare-thee-weel, thoo best un dearest!
Thine be ilka jey un treezhur,
Peace, ïnjoaymint, löv, un pleezhur.

6   Yay foand kïss, un than wi sever,
Yay fareweel, ulas! fur ïvvur!
Deep ïn hert-wrung tears A'll pledge thee!
Warrin sikhs un grains A'll wage thee.

AULD LANG SYNE
AUL LANG SYNE

1. Shid aul acquantunce be furgoat,
   Un nïvvur broacht tae mein?
   Shid aul acquantunce be furgoat,
   Un aul lang syne?

   chorus
   Fur aul lang syne, ma dear,
   Fur aul lang syne,
   We'll tak a cup o' keinnus yït,
   Fur aul lang syne.

2. We twaw hae rïn uboot the braes,
   Un poo'd the gowe-uns fine;
   Bit wi've waunurt munny a weary fit
   Sin aul lang syne,

3. We twaw hae paiddl't ïn the burn,
   Fae moarnin sun tull dine;
   Bit seas utween us braid hae raired
   Sin aul lang syne.

4. Un there's a haun mah trusty fiere,
   Un gie's a haun o' thine;
   Un we'll tak a rïcht guid-wuhlie waacht,
   Fur aul lang syne.

5. Un shairly yuh'll be yur pint-stowp,
   Un shairly Ah'll be mine;
   Un we'll tak a cup o' keinness yït,
   Fur aul lang syne.

AWA' WHUGS AWA'
UWAW WHÏGS UWAW

    chorus
    Uwaw, Whïgs, uwaw!
    Uwaw, Whïgs, uwaw!
    Yi'r bit a pack o' traitur loons,
    Yi'll dae nae gid ut aw.

1   Oor thrussuls flourish't fresh un fair,
    Un boanie blimm't oor roses;
    Bit Whïgs cam lik a froast ïn Jin,
    Un withur't aw oor posies.

2   Oor anshunt croon's faw'n ïn the dust—
    Deil blin thum wi the stoor o't,
    Un write thur names ïn his black byuk,
    Whaw gae the Whïgs the poour o't.

3   Oor sad dicay ïn church un state
    Surpasses mah discreivin;
    The Whïgs cam owre us fur a curse,
    Un we hae din wi thrivin.

4   Grim vengeance lang his taen a nap,
    Bit we mey see hïm waukin—
    Gid help the day whan roayul heeds
    Ur huntit lik a maukin!

BLYTHE WAS SHE
BLEYTHE WIS SHE

    chorus
    Bleythe, bleythe un mairry wis she,
    Bleythe wis she butt un ben,
    Bleythe bi the banks of Earn,
    Un bleythe ïn Glenturrit glen!

1.   Ba Oachturtye-ur growes the aik,
    Oan Yarra banks the birkenshaw;
    Bit Faimie ei's a boanier lass
    Thun braes o' Yarra ever saw.

2.   Hur lucks wur lik a floo'r ïn Mey,
    Hur smile wis lik a simmer moarn.
    Shi trippit bi the banks o' Earn
    As lïcht's a burd upoan a thoarn.

3.   Hur boanie face ït wis as meek
    As oanie lamb upoan a lea.
    The eenin sun wis neer sae sweet
    As wis the blink o' Faimie's ee.

4.   The Heelun hulls Ah've wannurt wide,
    As owre the Lawluns Ah hae been,
    Bit Faimie wis the blythest lass
    Thut ever troad the dewy green.

DUNCAN DAVISON
DUNCUN DAIVISUN

1.   Thur wis a lass, they caw'd hur Meg,
    Un she held owre the mairs tae spïn;
    Thur wis a laud thit foallit hur,
    They caw'd hïm Duncan Davison.
    The mair wis dreich un Meg wis skeich,
    Hur favour Duncan cudna wïn;
    Hur wi the roack she wud him knoack,
    Un ey she shyuck the temper-peen.

2.   As owre the mair they lichtly för,
    A burn wis clear, a glen wis green;
    Upoan the banks they eas't thur shanks,
    Un ey she set the wheel utween:
    Bit Duncan swör a haly aith,
    Thit Meg shud be a bride the moarn;
    Than Meg tuk up hur spïnnin-graith,
    Un flang thum aw oot owre the burn.

3   We wull bïg a wee, wee hoose,
Un we wull leeve lik keeng un queen,
Sae bleythe un merry's we be,
Whan yi set by the wheel at e'en!
A man mey drïnk, un no be drunk;
A man mey fecht, un no be slain;
A man mey kïss a boanie lass,
Un ey be walcum back again!

DUNCAN GRAY
DUNCUN GRAY

1   Duncun Gray cam here tae oo,
Ha, ha, the ooin o't,
Oan bleythe Yill-nïcht whan we wur foo,
Ha, ha, the ooin' o't.
Maggie kist hur heed foo heikh,
Luk't usklent un unca skeekh,
Gurt pair Duncun staun ubeekh;
Ha, ha, the ooin' o't.

2   Duncun fleech't un Duncun prayed
(Ha, ha, the ooin' o't),
Meg wis deef as Ailsa Craig,
Ha, ha, the ooin' o't.
Duncun sicht baith oot un ïn,
Grat his een baith bleert un blïn,
Spak o lowpin owre a lïnn—
Ha, ha, the ooin' o't.

3   Time un Chance ur bit a tide,
Ha, ha, the ooin' o't
Slïchtit löv ïs sair tae bide
(Ha, ha, the ooin' o't).
'Shall Ah lik a fill,' koa he,
'Fur a hauchtie hizzie dee?
She mey gae tae —France fur me!'-
Ha, ha, the ooin' o't.

4 Hoo it comes, lit doacturs tell
(Ha, ha, the ooin' o't!);
Meg grew seek as he grew hale
(Ha, ha, the ooin' o't!).
Something in hur boazum rings,
Fur relief a sikh shi brings;
Un O! hur een they spak sic things!-
Ha, ha, the ooin' o't!

5 Duncun wis a laud o grace,
(Ha, ha, the ooin' o't!),
Maggie's wis a peetious case,
(Ha, ha, the ooin' o't!)
Duncun cudnay be hur daith,
Swaalin' peety smairt his rath;
Noo thuh're crooss un canty baith!
Ha, ha, the ooin' o't.

DUNCAN GRAY 2
DUNCUN GRAY

Weary faw yi, Duncun Gray!
(Ha, ha, the girdin o't!),
Wae gae by yi, Duncun Gray!
(Ha, ha, the girdin o't!)
Whan aw the lave gae tae thur play,
Than Ah mun sit the lee-lang day,
Un Jeeg the cradle wi mah tae,
Un aw fur the girdin o't!

2 Boanie wis the Lawmus min
(Ha, ha the girdin o't!)
Glowerin' aw the hulls ubin
(Ha, ha the girdin o't!)
The girdin brak, the beast cam doon,
Ah tint mah curch un baith mah shin,
Un, Duncun, yuh'r an unca loon-
Wae oan the bad girdin o't!

3 Bit Duncun, gin yuh'll keep yur aith
   (Ha, ha, the gïrdin o't!)
   Ah'se bless yi wi' mah hinmust braith
   (Ha, ha, the gïrdin o't!)
   Duncun gin yuh'll keep yur aith,
   The beast ugain cun beer us baith,
   Un aul Mess Joan wull men the skaith
   Un cloot the bad gïrdin o't.

HEY HOW JOHNIE LAD
   HEY HOO JOANNIE LAUD

1
Hey, hoo mah Joannie laud, yur no sae kine's yi shid hae been;
Gin yur vice Ah hudnay kent, Ah cidna eithly trow mah een.
Sae weel's yi mïcht hae toozl't me, un sweetly pree'd mah moo bideen;
Hey, hoo, mah Joannie laud, y'ur no sae kine's yi shid hae been.

2
Mah Faither he wis ït the ploo, mah Mither shi wis ït the mull,
Mah Buhlie he wis ït the moass, un no yïn near oor sport tae spull,
The feent a Buddy wis therein there wis nae fear o' beein seen,
Hey, hoo, mah Joannie laud, y'ur no sae kine's yi shid hae been.

3
Wud oany laud whaw loo'd hur weel, hae left hïs boanie lass hur lane,
Tae sikh un greet ilk langsome oor, un thïnk hur sweetist meenits gaen,
O, hud yi been a oo-er leal, we shid hae met wi herts mair keen,
Hey, hoo, mah Joannie laud, yi'r no sae kine's yi shid hae been.

4
Bit Ah mun hae anither joe, whaws löv gangs never oot o' mine,
Un winna lit the moment pass, whan tae a lass he cïn be kine,
Than gang yur weys tae blïnken Bess, nae mair fur Joannie shull shi green,
Hey, hoo, mah Joannie laud, yu'r no sae kine's yi shid hae been.

JOHN ANDERSON MY JO
JOAN ANNERSUN, MAH JOE

1   Joan Annersun mah jo, Joan,
    Whan we wur furst ucquant;
    Yur loaks wur lik the the raven,
    Yur boanie broo wis brent;
    Bit noo yur broo ïs beld, Joan,
    Yur loaks ur lik the snaw;
    Bit blessins oan yur froasty pow,
    Joan Annerson mah joe.

2   Joan Annerson mah joe, Joan,
    We clam the hulls thegither;
    Un munny a cantie day, Joan
    Wi'v hud wi yin anither:
    Noo we maun toatter doon, Joan,
    Un haun ïn haun wuh'll gae,
    Un sleep thegither ut the fit,
    Joan Annerson mah joe.

JUMPIN JOHN
JUMPIN JOAN

chorus
The lang laud they caw Jumpin Joan
Beguil't the boanie lassie!
The lang laud they caw Jumpin Joan
Beguil't the boanie lassie!

1   Her daddie furbad, hur minnie furbad;
    Furbidden shi widna be;
    Shi widna trowe't, the browst shi brew't
    Wud taste sae bïtturlee!

2   A coo un a cauf, a yowe un a hauf,
    Un thretty gid shullins un three:
    A vurra gid toakhur! a coatter-man's doachter,
    The lass wi the boanie bleck ee!

MACPHERSON'S FAREWELL
MACPHAIRSON'S FAREWEEL

    chorus
    Sae rantinly, sae waantinly,
    Sae dantinly gaed he,
    He play't a spring, un danc't it roon
    Ubloa the gaalas-tree.

1   Fareweel yi dungeons daurk un strang,
    The wretch's destinee!
    MacPherson's time wull no be lang
    Oan yoanur gaalas-tree.

2   O, whit is daith bit pertin braith?
    Oan munny a bliddy plain
    Ah've daur't his face, un in this place
    Ah scoarn him yit ugain!

3   Untie thae bauns fae aff mah hauns,
    Un bring tae me mah swurd,
    Un thur's no a man in aw Scoatlun
    Bit Ah'll brave him it a word.

4   Ah've leev't a life o' sturt un strife;
    Ah dee bi treacheree:
    It burns mah hert Ah must dipairt,
    Un no avenge-it be.

5   Noo fareweel licht, thoo sunshine bricht,
    Un aw uneath the sky!
    Mey coo-ard shame distain his name,
    The wretch thut daurna dee!

MY HOGGIE
MAH HOAGGIE

    Whit wull Ah dae gin mah hoaggie dee?
    Mah joay, mah pride, mah hoaggie!
    Mah only beast, Ah hld nae mae,
    Un voo bit Ah wis voagie!
    The lee-lang nïcht we watch't the faul,
    Me un mah faithfa duggie;
    We heard noacht bit the roarin' linn
    Umang the braes sae scroaggie.

2   Bit the hoolet cry't fae the castle waw,
    The blittur fae the boaggie,
    The toad reply't upoan the hull:
    Ah trimml't fur mah hoaggie.
    Whan day dïd daw, un coacks dïd craw,
    The moarnin ït wïs foaggie,
    An unca tyke lap owre the dyke,
    Un maist his kïll't mah hoaggie!

O, WERT THOU IN THE CAULD BLAST
O WURT THOO ÏN THE CAUL BLAST

1   O wurt thoo ïn the caul blast
    Oan yoanur lea, oan yoanur lea,
    Mah pleidie tae the ang-ry airt,
    Ah'd shelter thee, Ah'd shelter thee.
    Ur did Misfoartin's bitter stoarms
    Uroon thee blaw, uroon thee blaw,
    Thy biel shid be mah boazum,
    Tae share ït aw, tae share ït aw.

2   Ur wur Ah ïn the wildest waast,
    Sae black un bare, sae black un bare,
    The daisurt wur a paradise,
    Ïf thoo wurt there, ïf thoo wurt there.
    Ur wur Ah moanurk o' the globe,
    Wi thee tae reign, wi thee tae reign,
    The brïchtest jewel ïn mah croon
    Wud be ma queen, wud be mah queen.

O, THIS IS NO MY AIN LASSIE
          O THIS ÏS NO MY AIN LASSIE

    chorus
    O, this ïs no ma ain lassie,
    Fair thoa the lassie be:
    Weel ken Ah ma ain lassie-
    Kine löv ïs ïn hur ee.

1   Ah see a foarm, Ah see a face,
    Yi weel mey wi the fairest place;
    Ït waants, tae me, the wïtchin grace,
    The kine löv that's ïn hur ee.

2   Shi's boanie, blimmin, straucht, un tall,
    Un lang his hid ma hert ïn thrall;
    Un ey ït chairms ma vurra saul,
    The kine löv that's ïn hur ee.

3   A thief sae pawkie ïs ma Jean,
    Tae steal a blink bi aw unseen!
    Bit gleg as lïcht ur löver's een,
    Whun kine löv ïs ïn hur ee.

4   Ït mey escape the coortly sperks,
    Ït mey escape the learnit clerks;
    Bit weel the watchin löver merks
    The kine löv thut's ïn hur ee.

O TIBBIE I HAE SEEN THE DAY
          O TIBBIE AH HAE SEEN THE DAY

    chorus
    O Tibbie Ah hae seen the day,
    Yi widnay been sae shy!
    Fur laik o' gear yi lïchtly me,
    Bit, trowth Ah care-nay by.

1.   Yestreen Ah met yi oan the mair,
    Yi spak-na, bit gaed by lik stoor!
    Yi gek at me because Ah'm pair-
    Bit fient a hair care Ah!

2.   Whan comin hame oan Sunday last,
    Upoan the road as Ah cam past,
    Yi snufft un gae yur heed a cast-
    Bit, trowth, Ah care't-na by!

3.   Ah doot-na, lass, bit yi mey think,
    Because yi hae the name o' clink,
    That yi cun please me at a wink,
    Whaneer yi lik tae try.

4.   Bit soarra tak him that's sae mean,
    Ultho his pooch o' coay-in wur clean,
    Whaw foalies oanie saucy quean,
    That luks sae prood un heekh!

5.   Ultho a laud wur eer sae smert,
    If that he waant the yella durt,
    Yi'll cast yur heed unither airt,
    Un answer him foo dry.

6.   Bit if he hae the name o' gear,
    Yuh'll fasten tae him lik a breer,
    Tho' haurly he fur sense ur leer
    Be better than the kye.

7.   Bit Tibbie, lass, tak mah advice:
    Yur daaddie's gear maks yi sae nice,
    The Deil a yin wud speer yur price,
    Wur yi as pair as Ah.

8.   Thur leeves a lass uside yoan park,
    Ah'd raither hae in hur sark
    Than you wi aw yur thoosun merk,
    That gaurs yi luk sae heekh.

THERE WAS A LAD
THUR WIS A LAUD

Thur wis a laud wis boarn in Kyle,
Bit whitna day o' whitna style,
Ah doot it's haurly worth the while,
Taey be sae nice wi Roabin.

Roabin wis a rovin' boay -
Rantin rovin, rantin rovin' -
Roabin wis a rovin' boay -
Rantin rovin' Roabin!

Oor moanurk's hinmust year bit yïn,
Wis five un twinty days begun,
'Twis than a blast o' Jenwur wun
Blew hansel in oan Roabin.

The goasip keekit in his liff,
Koa shi, whaw leeves wull see the priff,
This wawly boay wull be nae kiff,
Ah thïnk we'll caw um Roabin.

He'll hae misfoartins great un smaw,
Bit ey a hert ubin thum aw
He'll be a craidit till us aw,
We'll aw be proud o' Roabin.

Bit shair as three times three mak nine,
Ah see bi ilka score un line,
This chap wull dearly like oor kine,
Sae leez me oan thee Roabin.

'Guid faith koa shi,' Ah doot yi gaur
The boanie lassies lie uspaur;
Bit twinty fauts yi mey hae waur-
Sae blessins oan thee Roabin.

SCOTS, WHA HAE
SCOATS WHAW HAE

Scoats whaw hae wi' Waalus bled,
Scoats wham Briss his affen led,
Waalcum tae yur goary bed,
Ur tae victory.

Nooz the day un nooz the oor,
See the front o' battle loo'r,
See uproach prood Aidward's poo'r,
Cheyns un slaverie.

Whaw wull be a traitor knave?
Whaw can fuhl a coo-urd's grave?
Whaw sae base as be a slave?
Lït hïm turn un flee.

Whaw fur Scoatlun's Keeng un Law
Freedom's swurd wull stroangly draw,
Freeman staun ur freeman faw,
Lït hïm foala me!

By oapression's waes un pains,
By yur son's ïn servile chains,
We wull drain oor dearest veins
Bit they shall be free!

Lay the prood usurpers low;
Tyrants faw in ïvvry foe,
Leeberty's in ïvvry blow!
Lït us dae ur dee!

THENIEL MENZIES' BONIE MARY
THÏNIEL MÏNGUS'S BOANIE MARY

chorus
Thïniel Mïngus's boanie Mary,
Thïniel Mïngus's boanie Mary,
Chairlie Greegor tint his pleydie,
Kïssin Thïniel's boanie Mary!

Ïn cumin by the brig o' Dye,
At Daurlet we a blïnk did tairry;
As day wis dawin ïn the sky,
We drank a health tae boanie Mary.

2   Hur een sae brïcht, hur broo sae white
Hur haffet loacks as broon's a berry,
Un ey they dïmpl't wi a smile,
The rosy cheeks o' boanie Mary.

3   We lap un danc't the lee-lang day,
Tull piper-lauds wur wae un weary;
Bit Chairlie gat the sprïng tae pey,
Fur kïssin Thïniel's boanie Mary.

WILLIE WASTLE
WULLIE WAASSUL

1   Wullie waassul dwalt oan Tweed,
The spoat they caw'd ït Linkumdoadie;
Wullie wis a wabstur gid,
Cud stowe'n a clue wi oaniebuddy;
He hud a wife wis dour un din,
O, Tïnklur Maidgie wis hur mithur,-
Sic a wife as Wullie hid,
Ah widna gie a button fur ur!

2 She his an ee— she his bit yin-
  The cat his twaw the vurra colour;
  Five roosty teeth, furbye a stump,
  A clappur-tongue wid deave a mullur;
  A whïskin baird uboot hur moo,
  Hur nose un chïn they thraitun ithur,-
  Sic a wife as Wullie hud,
  Ah widna gie a button fur ur.

3 Shi's boo-hoacht, shi's hem-shint,
  Yae lïmpin leg a haun-breed shoartur;
  Shi's twïstit rïcht, shi's twïstit left,
  Tae balance fair ïn ilka quaartur;
  Shi his a hump upoan hur breest,
  The twïn o' that upoan hur shoothur,-
  Sic a wife as Wullie hud,-
  Ah widna gie a button fur ur!

4 Aul baudruns bi the ïngle sïts,
  Un wi hur liff hur face a-waashin;
  Bit Wullie's wife ïs nae sae trïg,
  Shi dïchts hur grunyie wi a hushion;
  Hur waulie neeves lik middun -creels,
  Hur face wud file the Loagun-waatur;
  Sic a wife as Wullie hud,-
  Ah widna gie a button fur ur!

THE WEARY PUND O' TOW
    THE WEARY PUN O' TOWE

  chorus
  The weary pun, the weary pun,
  The weary pun o' towe!
  Ah thïnk ma wife wull en hur life
  Ufore shi spïn hur towe,

1 Ah boacht ma wife a stane o' lïnt
  As gid as eer did growe,
  Un aw thut shi his made o' that
  Ïs yae pair pun o' towe.

2 There sat a boattle ïn a bole
  Uyoant the ïng-ul lowe;
  Un ey shi tuk the ither sook
  Tae drook the stoorie towe.

3 Koa Ah:- 'Fur shame, yi durty dame,
  Gae spïn yur tap o' towe!'
  Shi tuk the roak, un wi a noak
  Shi brak ït owre ma powe.

4 Ut last hur feet— Ah sang tae see't!-
  Gaed foarmust owre the knowe,
  Un or Ah wad inither jaud,
  Ah'll waalup in a towe.

TO DAUNTON ME
TAE DAUNTUN ME

chorus
Tae dauntun me, tae dauntun me,
An aul man shall nïvvur dauntun me.

1 The blid-rid rose at yill mey blaw,
  The simmer lïlies blim ïn snaw,
  The froast mey freeze the deepest sea,
  Bit an aul man shall nïvvur dauntun me.

2 Tae dauntun me, un me sae young,
  Wi his fause hert un flatt'rin tongue;
  That ïs the thïng yi neer shall see,
  Fur an aul man shall nïvvur dauntun me.

3   Fur aw his mail un aw his maut,
      Fur aw his fresh beef un his saut,
      Fur aw his gowd un fresh munee,
      An aul man shall never dauntun me.

4   His gear mey buy hïm kye un yowes,
      His gear mey buy hïm glens un knowes;
      Bit me he shall no buy nur fee,
      Fur an aul man shall never dauntun me.

5   He hïrples twa-faul as he dowe,
      Wi hïs teethless gab un hïs aul beld powe,
      Un the rain rains doon fae hïs rid blear't ee–
      That aul man shall never dauntun me!

UP IN THE MORNING EARLY
UP ÏN THE MOARNIN EARLY

chorus
Up ïn the moarnin's no fur me,
Up ïn the moarnin early!
Whan aw the hulls ur cover't wi snaw,
Ah'm shair ït's wïnter fairly!

1   Caul blaws the wun fae east tae waast,
      The drïft ïs drivin' sairly,
      Sae lood un shrull's Ah hear the blast—
      Ah'm shair ït's wïnter fairly!

2   The burds sït chïtterin ïn the thoarn,
      Aw day they fare bit sparely;
      Un lang's the nïcht fae een tae moarn—
      Ah'm shair ït's wïnter fairly.

WHISTLE O'ER THE LAVE O'T - 2
WHUSSUL OWRE THE LAVE O'T

1. Furst whun Maggie wis ma care,
   Heev'n, Ah thoacht, wis ïn hur air;
   Noo wu'r merrit, speer nae mair,
   Bit—Whussul owre the lave o't!
   Meg wis meek, un Meg wis mild,
   Boanie Meg wis Naitur's child:
   Weissur men thun me's beguiled—
   Whussul owre the lave o't!

2. Hoo we leev, ma Meg un me,
   Hoo we löv, un hoo we gree;
   Ah care-na by hoo few we see—
   Whussul owre the lave o't.
   Whaw Ah wïsh wur magguts' meat,
   Dïsh't up ïn hur weindin sheet,
   Ah cud write (bit Meg wud see't)-
   Whussul owre the lave o't.

WILLIE BREWED A PECK O' MAUT
WULLIE BREW'T A PECK O' MAUT

   chorus
   We urna foo, we're nae that foo,
   Bit jist a drappie ïn oor ee!
   The coack mey craw, the day mey daw,
   Un ey wuh'll taste the baurley bree!

1. O, Wullie brew't a peck o' maut,
   Un Roab un Allan cam tae pree.
   Three bleyther herts that lee-lang nïcht
   Yi wid-na fun ïn Chrïstendee.

2. Here ur we met three merry boays,
   Three merry boays Ah trowe ur we;
   Un munny a nïcht wuh've merry been,
   Un munny mey we howp tae be!

3   It is the min, Ah ken hur hoarn,
    That's blinkin in the lift sae hee:
    Shi shines sae bricht tae wyle us hame,
    Bit, ba mah sith, she'll wait a wee!

4   Whaw furst shall rise tae gang awaw,
    A cuckold, coo-urd loon is he!
    Whaw furst beside his chair shall faw,
    He is the Keeng umang us aw!

THE BANKS O' DOON
THE BANKS O' DIN

1   Yi banks un braes o' boanie Din,
    Hoo cin yi blim sae fresh un fair?
    Hoo cin yi chant yi little burds,
    Un Ah sae weary foo o' care!

2   Thoo'll brek ma hert, thoo warblin burd,
    That waantins thro' the flooerin thoarn,
    Thoo mines me o' depairtit jeys.
    Depairtit nivvur tae return.

3   Aft hae Ah roved bi boanie Din
    Tae see the rose un widbine twine,
    Un ilka burd sang o' its löv,
    Un foanly sae did Ah o' mine:

4   Wi lichtsome hert Ah poo'd a rose,
    Foo sweet upoan its thoarny tree!
    Un mah fause löver staw mah rose—
    Bit ah! he left the thoarn wi me.

O FOR ANE AND TWENTY, TAM
OA FUR YÏN UN TWINTY, TAM

    chorus
    Un O fur yïn-un-twinty, Tam!
    Un hey, sweet yïn-un-twinty, Tam!
    Ah'll lairn mah kïn a rattlin sang,
    Un Ah saw yïn-un-twinty, Tam.

1   They snöll mi sair, un haud mi doon,
    Un gaur mi luk lik bluntie, Tam;
    Bit three shoart years wull shin wheel roon-
    Un than comes yïn-un-twinty, Tam.

2   A gleeb o' laun, a claut o' gear,
    Wis left mi bi mah auntie, Tam;
    Ut kïth ur kïn Ah needna speer,
    Un Ah saw yïn-un-twinty, Tam.

3   Thuh'll hae mi waad a waalthy ciff,
    Tho' Ah masel hae plenty, Tam;
    Bit hear'st thoo, lauddie—there's mah liff-
    Ah'm thine ut yïn-un-twinty, Tam!

OF A' THE AIRTS
O' AW THE AIRTS

1   O' aw the airts the wun cïn blaw,
    Ah dearly like the waast,
    Fur there the boanie lassie leeves,
    The lassie Ah loo best;
    Thur's wile wids growe, un rïvurs rowe,
    Un munny a hull utween;
    Bit day un nïcht mah fancy's flïcht
    Ïs ïvvur wi mah Jean.

2   Ah see hur ïn the dewy floo'rs,
Ah see hur sweet un fair;
Ah hear hur ïn the tinfa burds,
Ah hear hur chairm the air;
Thur's no a boanie floo'r thut springs
Bi foontun, shaw, ur green;
Thur's no a boanie burd thut sïngs,
Bit mines me o' mah Jean.

SAW YE BONIE LESLEY
SAW YI BOANIE LESLIE

1   O, saw yi boanie Leslie,
As shi gaed owre the Boardur?
Shi's gane, lik Alexandur,
Tae spreed hur coanquists faurur.

2   Tae see hur ïs tae löv hur,
Un löv bit hur fur ïvvur;
Fur naitur made hur whit shi ïs,
Un nïvvur made unithur.

3   Thoo urt a queen, fair Leslie,
Thy subjïcks we, ufore thi;
Thoo urt divine, fair Leslie,
The herts o' men udore thi.

4   The Deel hi cidna skaith thi,
Ur oacht thut wid bilang thi;
He'd luk ïntae thy boanie face,
Un say, 'Ah canna wrang thi!

5   The poo'rs ubin wull tent thi,
Mïsfoartin shanna steer thi,
Thoo'rt like thumsels sae lovely,
Thut ull thuh'll neer lit near thi.

6   Riturn ugain, fair Leslie,
Riturn tae Calidoanie!
Thut we mey brag, we hae a lass
Thur's nane ugain sae boanie.

CA' THE YOWES TO THE KNOWES
CAW THE YOWES TAE THE KNOWES

    chorus
    Caw the yowes tae the the knowes,
    Caw thum whaur the heathur growes,
    Caw thum whaur the burnie rowes,
    Mah boanie dearie.

1.   Herk, the mavis' eenin sang
    Soonin Cloodin's wids umang!
    Than a fauldin' lït us gang,
    Mah boanie dearie.

2.   Wuh'll gae doon bi Cloodin side,
    Thro' the haizuls spreedin wide,
    Owre the waves, thut sweetly glide
    Tae the min sae clearly.

3.   Yoanur Cloodin's silunt too'rs,
    Whaur at minshine midnïcht oors,
    Owre the dewy bendin floo'rs,
    Fairies dance sae cheery.

4.   Ghaist nur boagul shalt thoo fear;
    Thoo art tae löv un heev'n sae dear,
    Noacht o' ull mey come thee near,
    Mah boanie dearie.

5.   Fair un lovely as thoo ert,
    Thoo hïst stown mah vurra hert;
    Ah cïn dee—bit canna pairt,
    Mah boanie dearie.

6.   While waaturs wïmpul tae the sea,
    While day blïnks ïn the lïft sae hee,
    Tull cley-caul daith sal blin mah ee,
    Ye sal be mah dearie!

CA' THE YOWES TO THE KNOWES 2
CAW THE YOWES TAE THE KNOWES

    chorus
    Caw the yowes tae the knowes,
    Caw thum whaur the heathur growes,
    Caw thum whaur the burnie rowes,
    Mah boanie dearie!

1   As Ah gaed doon the waatur-side,
    There ah met mah shippurd laud:
    He rowe'd mi sweetly ïn hïs pleid,
    Un he caw'd me hïs dearie.

2   'Wull yi gang doon the waatur-side,
    Un see the waves sae sweetly glide
    Bineath the haizuls spreedin wide?
    The min ït shines foo clearly'.

3   'Ah wis bred up ïn nae sic skill,
    Mah shippurd laud, tae play the fill,
    Un aw the day tae sït ïn dill,
    Un naebuddy tae see mi.'

4   'Yi sal gït goons un rïbbuns meet,
    Cauf-leather shïn upoan yur feet,
    Un ïn mah airms yi'se lie un sleep,
    Un yi sal be mah dearie.'

5   'Ïf yi'll bit staun tae whit yi've sid,
    Ah'se gang wi you, mah shippurd laud,
    Un yi mey rowe mi ïn yur pleid,
    Un Ah sal be yur dearie.'

6   'While waaturs wïmpul tae the sea,
    While day blïnks ïn the lïft sae hee,
    Tull cley-caul daith sal blin mah ee,
    Ye sal be mah dearie.'

COMIN' THRO' THE RYE
COMIN' THRO' THE RYE

    chorus
O, Jenny's aw waat, pair buddie,
Jennie's seldom dry;
Shi draigult aw hur petticoatie,
Comin' thro' the rye.

1   Comin' thro' the rye, pair buddie,
Comin' thro' the rye;
Shi draigult aw hur petticoatie,
Comin' thro' the rye.

2   Gïn a buddie meet a buddie
Comin' thro' the rye;
Gïn a buddie kïss a buddie,
Need a buddie cry?

3   Gïn a buddie meet a buddie
Comin' thro' the glen;
Gïn a buddie kïss abuddie,
Need the waurl ken?

4   Gïn a buddie meet a buddie
Comin' thro' the grain;
Gïn a buddie kïss a buddie,
The thïng's a buddie's ain.

YE FLOWERY BANKS
YI FLOO'RY BANKS

1   Yi floo'ry banks o' boanie Din,
Hoo cïn yi blim sae fair!
Hoo cïn yi chaunt, yi lïttul burds,
Un Ah sae weary foo o' care!

2   Thoo'll brek mah hert, thoo boanie burd,
Thut sïngs upoan the boo;
Thoo mines mi o' happy days
Whun mah fause löv wis true.

3 Thoo'll brek mah hert, thoo boanie burd,
  Thut sïngs uside thy mate;
  Fur sae Ah sat, un sae Ah sang,
  Un wïstna o' mah fate.

4 Aft hae Ah rov't bi boanie Din,
  Tae see the widbine twine;
  Un ïlka burd sang o' ïts löv,
  Un sae dïd Ah o' mine.

5 Wi lïchtsum hert Ah poo't a rose,
  Fae aff ïts thoarny tree;
  Un mah fause löver staw mah rose,
  Bit left the thoarn wi me.

GALLA WATER
GALLA WAATUR

Braw, braw lauds oan Yarra braes,
Yi waunur thro' the blimmin heathur;
Bit Yarra braes, nur Ettrick shaws,
Cïn match the lauds o' Galla Waatur.

Bit there ïs yïn, a saicrut yïn,
Ubin thum aw Ah loo hïm bettur;
Un Ah'll be hïs, un he'll be mine,
The boanie laud o' Galla Waatur.

Ultho' hïs daadie wis nae laird,
Un tho' Ah hae na muckle toakhur;
Yit rïch ïn kine-ist, true-ist löv,
Wuh'll tent oor floacks bi Galla Waatur.

Ït neer wis waalth, ït neer wis waalth,
Thut coaft coantentmunt, peace, ur pleezhur;
The bauns un bliss o' mutue-ul löv,
O that's the chiefist waurl's treezhur!

THE LEA-RIG
THE LEY-RĬG

1   Whun owre the hull the easturn staur
    Tells buchtin-time ĭs near, mah jo,
    Un owsun fae the furra't feel
    Riturn sae dowf un weary, O;
    Doon bi the burn, whaur scentit bĭrks
    Wi dew ur hĭngin clear, mah jo,
    Ah'll meet thee oan the ley-rĭg,
    Mah ain kine dearie, O.

2   Ĭn mĭrkist glen at midnĭcht oor,
    Ah'd rove, un neer be eerie, O,
    Ĭf thro' thut glen Ah gaed tae thee,
    Mah ain kine dearie, O;
    Ultho' the nĭcht wur neer sae wile,
    Un Ah wur neer sae weary, O,
    Ah'd meet thee oan the ley-rĭg,
    Mah ain kine dearie, O.

3   The huntur loos the moarnin sun,
    Tae raise the muntun deer, mah jo;
    At nin the fĭshur seeks the glen,
    Ulang the burn tae steer, mah jo;
    Gie me the oor o' gloamin grey,
    Ĭt maks mah hert sae cheery, O,
    Tae meet thee oan the ley-rĭg,
    Mah ain kine dearie, O.

MARY MORISON
MARY MOARISUN

1   O Mary at thy wĭnday be,
    Ĭt ĭs the wĭsh't, the trystit oor;
    Thae smiles un glances lĭt mi see,
    Thut mak the miser's treezhur pair:
    Hoo bleythly wĭd Ah bide the stoor,
    A weary slave fae sun tae sun;
    Cud Ah the rĭch riwaard secure-
    The lovely Mary Moarisun.

2 Yistreen, whun tae the trïmlin strïng,
The dance gaed thro' the lïchtit haw,
Tae thee mah fancy tuk ïts wïng,
Ah sat, bit naithur heard nur saw;
Tho' thïs wis fair, un that wis braw,
Un yoan the toast o' aw the toon,
Ah sïkh't, un sid umang thum aw,
Yi urna Mary Moarisun'.

3 O Mary, cïnst thoo wreck his peace,
Whaw fur thy sake wid gledly dee?
Ur cïnst thoo brek thut hert o' hïs,
Whaws only faut ïs lovin' thee?
Ïf löv fur löv thoo wult na gie,
At laist bi peety tae me shaun;
A thoacht ungentle canna be
The thoacht o' Mary Moarisun.

MY NANIE'S AWA
    MAH NAANIE'S UWAW

1 Noo ïn hur green mantul bleythe Naitur urrays,
Un lïssuns the lamkins thut bleet owre the braes,
While burds waarbul walcums ïn ilka green shaw,
Bit tae me ït's dilïchtlus—mah Naanie's uwaw.

2 The snawdrap un prïmrose oor widluns udoarn,
Un vye-ulits bathe ïn the weet o' the moarn;
They pain mah sed boazum, sae sweetly they blaw:
They mine mi o' Naanie—un Naanie's uwaw!

3 Thoo laivruck, thut springs fae the dews o' the lawn
The shïppurd tae waarn o' the grey-brekkin dawn,
Un thoo mella maivis, thut hails the nïcht-faw,
Gie oavur fur peety-mah Naanie's Uwaw.

4 Come Autumn, sae pensive ïn yella un gray,
Un soothe mi wi teidins o' Naitur's dicay!
The daurk dreerie Wïntur un wile-drivin' snaw
Ulane cïn dilïcht mi—noo Naanie's uwaw!

A RED RED ROSE
A RID RID ROSE

1. O mah löve's lik a rid rid rose
   Thut's newly sprung in Jin;
   O mah löv is like a mailodie
   Thut's sweetly play't ïn tin.

2. As fair urt thoo, mah boanie lass,
   Sae deep ïn löv am I;
   Un Ah wull löv thee stull, mah dear,
   Tull aw the seas gang dry.

3. Tull aw the seas gang dry, mah dear,
   Un the roacks melt wi the sun;
   O Ah wull löv thee stull mah dear,
   While the sauns o' life sh'll run.

4. Un fare-thee-weel, mah only löv!
   Un fare-thee-weel uwhile!
   Un Ah wull come ugain, mah löv,
   Tho' 'twur ten thoosun mile!

FOR THE SAKE O' SOMEBODY
FUR THE SAKE O' SOMEBUDDIE

1. Mah hert is sair—Ah daurna tell-
   Mah hert is sair fur somebuddie;
   Ah cud wauk a wïntur nïcht
   Fur the sake o' somebuddie;
   Okhoan! fur somebuddie,
   Okhey! fur somebuddie:
   Ah cud range the waurl uroon,
   Fur the sake o' somebuddie!

2   Yi poo'rs thut smile oan vïrtuous löv,
     O, sweetly smile oan somebuddie!
     Fae ïlka danger keep hïm free,
     Un sen me safe fur somebuddie!
     Okhoan! fur somebuddie,
     Okhey! fur somebuddie:
     Ah wid dae- whit wid Ah no?
     Fur the sake o' somebuddie!

TAM GLEN

1   Mah hert ïs a-breckin, dear tïttie,
     Some coonsul untae mi come len;
     Tae ang-ur thum aw ïs a peety,
     Bit whit wull Ah dae wi Tam Glen?

2   Ah'm thïnkin, wi sic a braw falla,
     Ïn pairtïth Ah mïcht mak a fen;
     Whit care Ah ïn rïches tae waala,
     Ïf Ah munna mairry Tam Glen?

3   Thur's Lowe-ry, the laird o' Dumellur-
     'Gid-day tae yi, brit!'—Hi comes ben;
     Hi brags un hi blaws o' hïs sullur;
     Bit whan wull hi dance lik Tam Glen?

4   Mah mïnnie dis coanstuntly deave mi,
     Un bïds mi biware o' young men;
     They flattur, shi siz, tae diceeve mi,
     Bit whaw cïn thïnk sae o' Tam Glen?

5   Mah daaddie siz, gin Ah'll fursake hïm,
     He'll gie mi gid hunnur merks ten;
     Bit ïf ït's oardaint Ah mun tak hïm,
     O whaw wull Ah gït bit Tam Glen?

6   Yistreen ut the valinteens' dealin,
      Mah hert tae mah moo gied a sten;
      Fur thrice Ah drew yïn wi'oot failin,
      Un thrice ït wiz wrïttun—Tam Glen!

7   The last Halla-een Ah wiz waukin
      Mah drookit sark-sleeve, as yi ken;
      Hïs likeniss cam up the hoose staukin-
      The vurra grey breeks o' Tam Glen!

8   Come coonsul, dear tïttie! don't tairry;
      Ah'll gie yi mah boanie black hen,
      Gïf yi wull udveiz mi tae mairry
      The laud Ah loo dearly—Tam Glen!

WANDERING WILLIE
WAUNURIN WULLIE

1   Here uwaw, there uwaw, waunurin Wullie,
      Here uwaw, there uwaw, haud uwaw hame;
      Come tae mah boazum, mah ain only dearie,
      Tell mi thoo brïng'st me mah Wullie the same.

2   Wïntur wuns blew lood un caul ut oor pairtin;
      Fears fur mah Wullie broacht tears ïn mah ee;
      Waalcum noo sïmmur, un waalcum mah Wullie
      The sïmmur tae naitur, mah Wullie tae me.

3   Rest, yi wile stoarms, ïn the cave o' yur slummurs,
      Hoo yur dreed howlin' a lövur ulerms!
      Waukin yi breezes, rowe gently yi bïllas,
      Un waaft mah dear lauddie yïnce mair tae mah airms.

4   Bit O, ïf hi's faithlus, un mines na hïs Nannie,
      Flowe stull utween us, thoo wide-rairin main;
      Mey Ah nïvvur see ït, mey Ah nïvvur trowe ït,
      Bit, dee'in, bilieve thut mah Wullie's mah ain.

AY WAUKIN, O
EY WAUKIN O

    chorus
    Ey waukin O,
    Waukin stull un weary:
    Sleep Ah cïn gït nane,
    Fur thïnkin oan mah dearie.

1   Sïmmur's a pleesunt time,
    Floo'rs o' ïvvry colour;
    The waatur rïns owre the hyukh,
    Un Ah loang fur mah true löver!

2   Whun Ah sleep Ah dream,
    Whun Ah wauk Ah'm eerie;
    Sleep Ah cïn gït nane,
    Fur thïnkin oan mah dearie.

3   Lanely nïcht comes oan,
    Aw the lave ur sleepin':
    Ah thïnk oan mah boanie laud,
    Un Ah bleer mah een wi greetin'

BONIE WEE THING
BOANIE WEE THÏNG

    chorus
    Boanie wee thïng, caunnie wee thïng,
    Lovely wee thïng, wurt thoo mine,
    Ah wud weer thee ïn mah boazum,
    List mah jewul Ah shid tine!

1   Wïshfuhly Ah luk un lang-wïsh,
    Ïn that boanie face o' thine;
    Un mah hert ït stoons wi ang-wïsh,
    List mah wee thïng be na mine.

2   Wït, un Grace, un Löv, un Beauty,
    Ïn yae coanstulaishun shine;
    Tae udore thee ïs mah duty,
    Goadiss o' thïs saul o' mine!

O WHISTLE AN' I'LL COME TO YE, MY LAD
　　　O WHUSSUL UN AH'LL COME TAE YI, MAH LAUD

    chorus
    O whussul, un Ah'll come tae yi, mah laud,
    O whussul, un Ah'll come tae yi, mah laud;
    Though faithur un mithur un aw shid gae mad,
    O whussul, un Ah'll come tae yi, mah laud.

1   Bit waurily tent, whun yi come tae coort me,
    Un come na unless the back-yett be ujee;
    Syne up the back-stile, un lït naebuddie see,
    Un come as yi wurna comin' tae me.

2   At kïrk, ur at merkit, whuneer yi meet me,
    Gang by mi as though thut yi care't nae a flee;
    Bit steal mi a blïnk o' yur boanie black ee,
    Yït luk as yi wurna luckin at me.

    Ey voo un protest thut yi care na fur me,
    Un whiles yi mey lïchtly mah beauty a wee;
    Bit coort na unithur, though jokin' yi be,
    Fur fear thut shi wile yur fancy fae me.

THE BLUE EYED LASSIE
　　　THE BLUE-EE'D LASSIE

1   Ah gaed a waefa gate yistreen,
    A gate Ah fear Ah'll dearly rue;
    Ah gat mah daith fae twaw sweet een,
    Twaw lovely een o' boanie blue!
    'Twïs no hur gowden rïnglets brïcht,
    Hur lïps lik roses wat wi dew,
    Hur heavin' boazum lily-white;
    It wïs hur een sae boanie blue.

2   Shi talk't, shi smile't, mah hert shi wyle't,
Shi chairm't mah saul Ah wïst na hoo;
Un ey the stoon, the deedly woon,
Cam fae hur een sae boanie blue.
Bit 'spare tae speak, un spare tae speed'-
Shi'll aiblins lïsten tae mah voo;
Shud shi refaise, Ah'll lay mah deed
Tae hur twaw een sae boanie blue.

CORN RIGS ARE BONIE
COARN RÏGS UR BOANIE

1   Ït wis upoan a Lammus nïcht,
Whun coarn rïgs ur boanie, O,
Uneath the min's uncloodit lïcht
Ah held awaw tae Annie, O:
The time flew by, wi tentless heed,
Tull, tween the late un early, O,
Wi smaw persuasion shi agreed
Tae see me thro' the baurley, O.

    chorus
Coarn rïgs un baurley rïgs,
Un coarn rïgs ur boanie, O:
Ah'll neer furget thut happy nïcht
Umang the rïgs wi Annie, O.

2   The sky wis blue, the wun wis stull,
The min wis shinin' clearly, O
Ah set hur doon, wi rïcht gid wull,
Umang the rïgs o' baurley, O:
Ah kent hur hert wis aw ma ain;
Ah löv'd hur maist sincerely, O:
Ah kïss't hur owre un owre again
Umang the rïgs o' baurley, O.

3   Ah loak't hur in ma foand embrace
    Hur hert wis beatin' rarely, O:
    Ma blessins oan that happy place,
    Umang the rïgs o' baurley, O:
    Bit bi the min un staurs sae brïcht,
    Thut shone thut oor sae clearly! O:
    Shi ey shull bless thut happy nïcht
    Umang the rïgs o' baurley, O.

4   Ah hae been bleythe wi comrades dear;
    Ah hae been merry drïnkin', O:
    Ah hae been joayfa gaitherin' gear;
    Ah hae been happy thïnkin',O:
    Bit aw the pleezhurs eer Ah saw,
    Tho' three times doobl't fairly, O:
    Thut happy nïcht wis worth thum aw
    Umang the rïgs o' baurley, O.

THE DEIL'S AWA WI THE EXCISEMAN
THE DEEL'S UWAW WI THE EXCEISSMAN

Chorus
The Deel's uwaw, the Deel's uwaw,
The Deel's uwa wi the Exceissman;
He's danc't uwaw, he's danc't uwaw,
He's danc't uwaw wi the Exceissman!

1   The Deel cam fïddlin thro' the toon,
    Un danc't uwaw wi the Exceissman;
    Un ilka wife cries "Aul Mahoon,
    Ah wish yi luck o' the prize, man!"

2   Wu'll mak oor maut, un wu'll brew oor drïnk,
    Wu'll laakh, sïng, un rejice man;
    Un munny braw thenks tae the muckle black Deel,
    That danc't uwaw wi the Exceissman!

3   There's threesome reels, there's fowersome reels,
    There's hoarnpipes un strathspeiz, man,
    Bit the yay best dance eer cam tae the laun
    Wis the Deel's uwaw wi the Exceissman!

KILLIECRANKIE
KĪLLIECRANKIE

chorus
Un yee hud been whaur Ah hae been,
Yi wud-na been sae cantie, O!
Un yee hud seen whit Ah hae seen
Oan the braes o' Kïlliecrankie, O!

1   'Whaur hae yi been sae braw laud?
    Whaur hae yi been sae brankie, O?
    Whaur hae yi been sae braw, laud?
    Cam yee bi Kïlliecrankie, O?

2   Ah foacht ut laun, Ah foacht ut sea,
    Ut hame Ah foacht mah auntie, O;
    Bit Ah met the Deevul un Dundee
    Oan the braes o' Kïlliecrankie, O.

3   The bauld Pïtcur fell ïn a furr,
    Un Clavers gat a clankie, O,
    Ur Ah hae fed un Athole gled
    Oan the braes o' Kïlliecrankie, O!

IS THERE FOR HONEST POVERTY
ÏS THUR FUR OANIST POAVURTY

1   Ïs thur fur oanist poavurty,
    Thut hïngs hïs heid, un aw thït?
    The coo-urd slave, wi pass hïm by,
    We daur be pair fur aa thït!
    Fur aa thït, un aa thït,
    Oor teils oabscure, un aw thït;
    The rank ïs bit the geenie's stamp;
    The man's the gowd fur aw thït.

2   Whït tho' oan haimlie fare we dine,
    Weer hoadun-grey un aw thït?
    Gie fills thur sulks, un knaves thur wine,
    A man's a man fur aw thït.
    Fur aw thït, un aw thït
    Thur tïnsul-shaw un aw thït;
    The oanist man, tho' eer sae pair,
    Ïs keeng o' men fur aw thït.

3   Yi see yoan bïrkie, caw't a loard,
    Whaw struts un stares, un aw thït;
    Tho' hunners worship ït hïs word,
    He's bit a ciff fur aw thït.
    Fur aw thït, un aw thït,
    Hïs rïbbun, staur un aw thït,
    The man o' indipendunt mine,
    He luks un laakhs ït aw thït.

4   A prïnce cïn mak a beltit knïcht,
    A markis, duke un aw thït;
    Bit un oanist man's ubin hïs mïcht,
    Gid faith, he manna faw thït!
    Fur aw thït, un aw thït,
    Thur deegnities, un aw thït,
    The pïth o' sense, un pride o' worth,
    Ur heekhur rank thun aw thït.

5   Than lït us pray, thut come ït mey,
    As come ït wull fur aw thït,
    Thut sense un worth owre aw the yurth,
    Mey beer the gree, un aw thït.
    Fur aw thït, un aw thït,
    Ït's comin yït, fur aw thït,
    Thut man tae man the waurl owre
    Shall brïthers be fur aw thït.

MY NANIE O
MAH NAANIE O

1 Uhint yoan hulls whaur Lugar flowes
   'Mang mairs un moasses munny, O
   The wintry sun the day his cloass't,
   Un Ah'll awaw tae Naanie, O

2 The waslin wun blaws lood un shïll,
   The nïcht's baith mïrk un rainy, O;
   Bit Ah'll git ma pleyd, un oot Ah'll steal,
   Un owre the hull tae Naanie, O.

3 Ma Naanie's chairmin, sweet un young;
   Nae airtfa wiles tae wïn yi, O,
   Mey ull bifaw the flattrin tongue
   Thut wad beguile mah Naanie, O

4 Hur face ïs fair, hur hert ïs true;
   As spoatlus as shi's boanie O,
   The oap'nin gowe-un, waat wi dew,
   Nae purer ïs thun Naanie, O.

5 A cïntra laud ïs mah digree,
   Un few thur be thut ken mi, O;
   Bit whit care Ah hoo few they be?
   Ah'm waalcum ey tae Naanie, O.

6 Mah rïches aw's mah penny-fee,
   Un Ah mun guide ït caunnie, O;
   Bit waurl's gear neer troubles me,
   Mah thoachts ur aw—mah Naanie, O.

7 Oor aul gidman dilïchts tae view
   Hïs sheep un kye thrive boanie, O.
   Bit Ah'm as bleythe thut hauds hïs ploo,
   Un his nae care bit Naanie, O.

8 Come weel, come wae, Ah care na by;
   Ah'll tak whit Heev'n wull sen mi, O;
   Nae ïthur care ïn life hae Ah,
   Bit leeve, un löv mah Naanie, O.

GREEN GROW THE RASHES
GREEN GROWE THE RASHES

    chorus
    Green growe the rashes, O!
    Green growe the rashes, O!
    The sweetist oors thut eer Ah spen,
    Ur spent umung the lassies O!

1   There's noacht bit care oan ïvv'ry haun
    Ïn ïvv'ry oor thut passes, O;
    Whït seegnifees the life o' man,
    Un twurna fur the lassies O?

2   The waurly race mey rïches chase,
    Un rïches stull mey flee thum O;
    Un tho' ut last they catch thum fast,
    Thur herts cïn neer unjoay thum, O.

3   Bit gie me a caunnie oor ut een,
    Mah airms uboot mah dearie, O!
    Un waurly cares ,un waurly men,
    Mey aw gae tapsulteerie, O!

4   Fur yee sae douce, yi sneer ut thïs,
    Yuh're noacht bit senseless asses, O!
    The weissist man the waurl saw,
    He dearly love't the lasses, O!

5   Aul Naitur sweers, the lovely dears
    Hur noblest works shi classes, O!
    Hur prentice haun shi try't oan man,
    Un than shi made the lasses, O!

LASSIE, LEND ME YOUR BRAW HEMP HECKLE
LASSIE, LEN ME YUR BRAW HEMP HECKUL

1   Lassie, len me yur braw hemp heckul,
     Un Ah'll len you mah thrïpplin'-kame;
     Mah heckul is broken, ït canna be goattun,
     Un we'll gae dance the Boab o' Dumblane.

2   Twaw gaed tae the wid, tae the wid, tae the wid,
     Twaw gaed tae the wid—three cam hame;
     Un ït be na weel boabbit, weel boabbit, weel boabbit,
     Un ït be na weel boabbit, wuh'll dae ït ugain.

THE TARBOLTON LASSES
THE TURBOWTUN LASSES

1   Ïf yee gae up tae yoan hull-tap,
     Yuh'll there see boanie Peggy:
     Shi kens hur faithur is a laird,
     Un she fursith's a leddy.

2   Thur's Sophy tïcht, a lassie brïcht,
     Usides a haunsome foartin:
     Whaw canna wïn hur ïn a nïcht
     Hus lïttul airt in coortin.

3   Gae doon bi Faile, un taste yull,
     Un tak a luk o' Mysie:
     Shi's dour un din, a deel withïn,
     Bit aiblins shi mey please yi.

4   Ïf shee be shy, hur sïstur try,
     Yuh'll mey be fancy Jenny:
     Ïf yee'll dispense wi waant o' sense,
     Shee kens hursel shi's boanie.

5   As yee gae up bi yoan hullside,
    Speer ïn fur boanie Bessy:
    Shee'll gie yi a beck, un bïd yi lïcht,
    Un haunsomely uddress yi.

6   Thur's few sae boanie, nane sae gid
    Ïn aw Keeng Goarj' domïnyun:
    Ïf yee shid doot the trith o' thïs,
    Ït's Bessy's ain oapïnyun.

BONIE DUNDEE
BOANIE DUNDEE

1   'O, whaur gat yi thut hauvur-male bannuck?'
    'O, sully blin buddy, O, dinna yi see?
    Ah gat ït fae a young, brïsk soadjur lauddie
    Utween Saint Joansun un boanie Dundee.
    O, gïn Ah saw the lauddie thut gae me't!
    Aft his he doodl't me up oan hïs knee;
    Mey Heevin proteck mah boanie Scoats lauddie,
    Un sen hïm hame tae hïs babie un me!

2   'Mah blissin's upoan thy sweet, wee lïppie!
    Mah blissin's upoan thy boanie ee broo!
    Thy smiles ur sae lik mah bleythe soadjur lauddie,
    Thoo's ey the dearer un dearer tae me!
    Bit Ah'll bïg a boo'r oan yoan boanie banks,
    Whaur Tay rïns wïmplin by sae clear;
    Un Ah'll cleed thee ïn the taurtun fine,
    Un mak thee a man lik thy daadie dear.'

TO THE WEAVER'S GIN YE GO
TAE THE WEAVUR'S GÏN YI GAE

   chorus
   Tae the weavur's gïn yi gae, fair maids,
   Tae the weavur's gïn yi gae,
   Ah reed yi rïcht, gang neer ut nïcht,
   Tae the weavur's gïn yi gae.

1   Mah hert wis yince as bleyth un free
      As sïmmur days wur lang;
      Bit a boanie waaslin weavur laud
      His gaurt me cheinge mah sang.

2   Mah mithur sent mi tae the toon,
      Tae waarp a pleidun wab;
      Bit the weary, weary waarpin o't
      His gaurt mi sikh un sab.

3   A boanie waaslin weavur laud
      Sat workin' it hïs lim;
      He tuk mah hert, as wi a net,
      Ïn ïvvry knoat un thrum.

4   Ah sat uside mah waarpin-wheel,
      Un ey Ah caw't ït roon;
      Un ïvvry shoat un ïvvry knoack,
      Mah hert ït gae a stoon.

5   The min wis sïnkin' ïn the waast
      Wi visage pale un waan,
      As mah boanie, waaslin weavur laud
      Coanvoy'y mi thro' the glen.

6   Bit whit wis sid, ur whit wis din,
      Shame faw mi gin Ah tell;
      Bit O! Ah fear the Kïntra sin
      Wull ken as weel's mahsel!

I'M O'ER YOUNG TO MARRY YET
AH'M OWRE YOUNG TAE MAIRRY YIT

chorus
Ah'm owre young , Ah'm owre young,
Ah'm owre young tae mairry yit!
Ah'm owre young, 'twid be a sïn
Tae tak mi fae mah mammie yit.

1 Ah um mah mammie's yae bairn,
   Wi unca folk Ah weary, Sur,
   Un lyin' in a man's bed,
   Ah'm fley't it mak mi eerie, Sur.

2 Haallamuss is come un gane,
   The nichts ur lang in wintur, Sur,
   Un you un Ah in yae bed—
   In trowth, Ah daurnay ventur, Sur!

3 Foo lood un shrill the froasty win
   Blaws thro' the leafluss timmur, Sur,
   Bit if yi come this gate ugain,
   Ah'll aullur be gin simmur, Sur.

SWEET TIBBIE DUNBAR
   SWEET TIBBIE DUMBAUR

1 O, wult thoo gae wi me, sweet Tibbie Dumbaur?
   O' thoo gae wi me, sweet Tibbie Dumbaur?
   Wult thoo ride oan a hoarse, ur be drawn in a caur,
   Ur walk bi mah side, O sweet Tibbie Dumbaur?

2 Ah carenay thy daadie, his launs un his money;
   Ah carenay thy kin, sae hikh un sae loardly;
   Bit say thut thoo'lt hae mi fur better ur waur,
   Un come in thy coatie, sweet Tibbie Dumbaur.

O, GALLOWAY TAM CAM HERE TO WOO
   O, GALLAWAW TAM CAM HERE TAE OO

1 O, Gallawaw Tam cam here tae oo;
   Ah'd raithur we.d gien him the braunit coo;
   Fur oor lass Bess mey curse un ban
   The waantun wit o' Gallawaw Tam.

2   O' Gallawaw Tam cam here tae shear;
      Ah'd raithur we'd gien him the gid gray meer;
      He kist the gidwife un strack the gidman;
      Un thut's the tricks o' Gallawaw Tam.

THERE'S CAULD KAIL IN ABERDEN
THUR'S CAUL KAIL IN AIBURDEEN

chorus
Mah coaggie, Surs, mah coaggie, Surs,
Ah canna waant mah coaggie;
Ah widnay gie mah three-girr't caup,
Fur eer a quean oan Boagie.

1   Thur's caul kail in Aiburdeen,
     Un custucks in Stra'boagie,
     Whun ilka laud mun hae his lass,
     Than fye, gie me mah coaggie,

2   Thur's Joannie Smith hi's goat a wife
     Thut scrimps him o' his coaggie,
     If shi wur mine, upoan mah life
     Ah wid dook hur in a boagie.

BROOM BESOMS
BRIM BIZUMS

chorus
Buy brim bizums! whaw wull buy thum noo?
Fine heather ring-urs, bettur nivvur grew.

1   Ah mun hae a wife, whitsae-eer shi be;
     Un shi be a wummun, thut's inyukh fur me.

2   If thut shi be boany, Ah shull think hur richt;
     If thut shi be ugly, whaur's the oadds ut nicht?

3   O, un shi be young, hoo happy shull Ah be?
     If thut shi be aul, the sinnur shi wull dee.

4   Ïf thut shi be fritfa, O! whit jey ïs there!
     Ïf shi be baurrun, less wull be mah care.

5   Be shi green ur gray; be shi black ur fair;
     Lit hur be a wummun, Ah shull seek nae mair.

BEWARE O' BONIE ANN
BIWARE O' BOANIE ANN

1   Yi caallants brïcht, Ah rede yi rïcht,
     Biware o' boanie Ann!
     Hur comely face sae foo o' grace,
     Yur hert shi wull tripan.

2   Hur een sae brïcht lik staurs it nïcht,
     Hur skïn ïs lik the swan.
     Sae jïmlply lace't hur jenty waist
     Thut sweetly yi mïcht spaun.

3   Yith, Grace, un Löv uttendunt move,
     Un Pleezhur leads the van:
     Ïn aw thur chairms, un coanquerin' airms,
     They wait oan boanie Ann.

4   The captive bauns mey chein the hauns,
     Bit Löv inslaves the man:
     Yi caallants braw, Ah rede yi aw,
     Biware o' boanie Ann!

MY LOVE, SHE'S BUT A LASSIE YET
MAH LÖV SHI'S BIT A LASSIE YÏT

chorus
Mah löv shi's bit a lassie yït,
Mah löv shi's bit a lassie yït!
Wuh'll lit hur staun a year ur twaw,
Shi'll no be hauf sae saucy yït!

1   Ah rue the day Ah soacht hur, O!
Ah rue the day Ah soacht hur, O
Whaw gits hur neednay say he's oo'd,
Bit he mey say he's boacht hur, O.

2   Come draw a drap o' the best o't yït,
Come draw a drap o' the best o't yït!
Gae seek fur pleezhur whaur yi wull,
Bit here Ah nïvvur miss't ït yït

3   Wuh're aw dry wi drïnkin o't,
Wuh're aw dry wi drïnkin o't!
The meenistur kïss't the fïddlur's wife—
He cudnay preach fur thïnkin o't.

O, MERRY HAE I BEEN
O, MAIRRY HAE AH BEEN

1   O, mairry hae Ah been teethin a heckul,
Un mairry hae Ah been shapin a spin!
O, mairry hae Ah been clootin a kettul,
Un kïssin mah Katie whun aw wis din!
O, aw the lang day Ah caw ut mah hemmur,
Un aw the lang day Ah whussul un sïng!
O, aw the lang nïcht Ah cuddle mah kïmmur,
Un aw the lang nïcht as happy's a keeng!

2   Bïttur in dill, Ah lïckit mah wïnnins
O' mairry-in Bess, tae gie hur a slave.
Blist be the oor shi kil't ïn hur lïnnuns,
Un bleyth be the burd thut sïngs oan hur grave!
Come tae mah airms, mah Katie, mah Katie,
Un come tae mah airms, un kïss mi ugain!
Druckun ur soabur, here's tae thee, Katie,
Un blist be the day Ah did ït ugain!

THE RANTIN DOG, THE DADDIE O'T
      THE RANTIN DUG, THE DAADIE O'T

1   O, whaw mah babie cloots wull buy?
     O, whaw wull tent mi whun Ah cry?
     Whaw wull kïss mi whaur Ah lie?
     The rantin dug, the daadie o't!

2   O, whaw wull own hi did the faut?
     O, whit wull buy the grainin maut?
     O, whaw wull tell mi hoo tae caw't?-
     The rantin dug, the daadie o't!

3   Whun Ah munt the creepie-chair,
     Whaw wull sït uside mi there?
     Gie mi Roab, Ah'll seek nae mair-
     The rantin dug, the daadie o't!

4   Whaw wull crack tae me mah lane?
     Whaw wull mak mi fïjin fain?
     Whaw wull kïss mi owre ugain?
     The rantin dug, the daadie o't!

JOCKIE WAS THE BLYTHEST LAD
      JOACKIE WIS THE BLEYTHIST LAUD

1   Young Joackie wis the bleythist laud,
     Ïn aw oor toon ur here uwaw;
     Foo bleyth hi whussl't it the gaud,
     Foo lïchtly danc't hi ïn the haw.

2   Hi roos't mah een sae boanie blue,
     Hi roos't mah waist sae jenty smaw;
     Un ey mah hert cam tae mah moo,
     Whun neer a buddy heard ur saw.

3   Mah Joackie tiles upoan the plain
     Thro' wïn un weet, thro' froast un snaw;
     Un owre the ley ah luk foo fain,

Whun Joackie's owsen hamewurd caw.

4   Un ey the nïcht comes roon ugain,
Whun ïn his airms hi taks mi aw,
Un ey hi voos hi'll be mah ain
As lang's hi his a braith tae draw.

A WAUKRIFE MINNIE
A WAUKRIF MÏNNIE

1   Whaur ur yi gaun, mah boanie lass?
Whaur ur yi gaun, mah hïnnie?
Shi ansurt me rïcht saucilie;-
Un airunt fur mah mïnnie!'

2   'O, whaur leeve ye, mah boanie lass?
O, whaur leeve ye, mah hïnnie?
'By yoan burnside, gïn yi mun ken,
Ïn a wee hoose wi mah mïnnie!

3   Bit Ah för up the glen ut een
Tae see mah boanie lassie,
Un lang ufore the gray moarn cam
Shi wisnay hauf sae saucy.

4   O, weary faw the waukrif coack,
Un the foomurt lay hïs crawin'!
He waukin't the aul wife fae hur sleep
A wee blïnk oar the dawin'.

5   Un ang-ry wife Ah waat she rös,
Un owre the bed shi broacht hur,
Un wi a muckle hazel-rung
Shi made hur a weel-pey't doachtur.

6   'O, fare-thee-weel, mah boanie lass!
O, fare-thee-weel, mah hïnnie!
Thoo urt a gey un a boanie lass,
Bit thoo his a waukrif mïnnie!

MY TOCHER'S THE JEWEL
MAH TOAKHUR'S THE JEWEL

1. O, muckle thïnks mah löv o' mah beauty,
   Un muckle thïnks mah löv o' mah kïn;
   Bit lïttle thïnks mah löv Ah ken brauly
   Mah toakhur's the jewel his chairms fur hïm.
   Ït's aw fur the aipul he'll nourish the tree,
   Ït's aw fur the hïnnie he'll cherish the bee!
   Mah lauddie's sae muckle ïn löv wi the sullur,
   He canna hae löv tae spare fur me!

2. Yur proaffur o' löve's un airle-penny,
   Mah toakhur's the baurgun yee wid buy;
   Bit un yi be crafty, Ah um cunnin,
   Sae yee wi unithur yur foartin mey try.
   Yuh're like tae the tïmmur o' yoan roattun wid,
   Yuh're like tae the baurk o' yoan roattun tree:
   Yuh'll slïp fae mee lik a knoatluss threed,
   Un yee'll crack yur craidit wi mair nur me!

GUIDWIFE, COUNT THE LAWIN
GIDWIFE, COONT THE LAWIN

chorus
Than, gidwife, coont the lawin,
The lawin, the lawin!
Than, gidwife, coont the lawin,
Un brïng a coaggie mair!

1. Gane ïs the day, un mïrk's the nïcht,
   Bit wee'll neer stray fur faut o' lïcht,
       Fur yill un brandy's staurs un min,
   Un blid-rid wine's the risin' sun.

2. Thur's waalth un ease fur jentulmen,
   Un sïmpul folk mun fecht un fen;
   Bit here wuh're ïn yae uccoard,
   Fur ilka man thut's drunk's a loard.

3   Mah coaggie is a haily pill,
       Thut heals the woons o' care un dill,
       Un Pleezhur is a waantun troot:
       Un yi drink it aw, yi'll fun him oot!

EPPIE MACNAB
EPPIE MUCNAB

1   O, saw yi mah dearie, mah Eppie Mucnab?
       O, saw yi mah dearie, mah Eppie Mucnab?
       'Shi's doon in the yaird, shi's kissin the laird,
       Shi winna come hame tae hur ain Joack Rab!'

2   O, come thy weys tae me, mah Eppie Mucnab!
       O, come thy weys tae me, mah Eppie Mucnab!
       Whiteer thoo his din, be it late, be it shin,
       Thoo's waalcum ugain tae thy ain Joack Rab.

3   Whit says she, mah dearie, mah Eppie Mucnab?
       Whit says she, mah dearir, mah Eppie Mucnab?
       'Shi lits thee tae wit thut shi his thee furgoat,
       Un fur ivvur disowns thee, hur ain Joack Rab.'

4   O' hid Ah neer seen thee, mah Eppie Mucnab!
       O, hid Ah neer seen thee, mah Eppie Mucnab!
       As licht as the air un as fause as thoo's fair,
       Thoo's broken the hert o' thy ain Joack Rab.

WHA IS THAT AT MY BOWER DOOR
WHAW IS THAT IT MAH BOO'R DOOR

1   'Whaw is that it mah boo'r door?'
       'O, whaw is it bit Finlay!'
       'Than gae yur gate, yi'se nae be here.'
       'Indeed mun Ah!' koa Finlay.
       'Whit mak yi, sae lik a thief?'
       'O, come un see!' koa Finlay.
       'Ufore the moarn yi'll waark mischief?'
       'Indeed wull Ah!' koa Finlay.

2 'Gïf Ah rise un lit yi ïn'—
  'Lit mi ïn!' koa Finlay—
  'Yuh'll keep mi waukin wi yur dïn?'
  'Ïndeed wull Ah!' koa Finlay.
  'Ïn mah boo'r ïf yi shid stey'—
  'Lit mi stey!' koa Finlay—
  'Ah fear yuh'll bide tull brek o' day?'
  'Ïndeed Wull Ah!' koa Finlay.

3 'Here this nïcht ïf yi rimain'—
  'Ah'll rimain!' koa Finlay—
  'Ah dreed yuh'll learn the gate ugain?'
  'Ïndeed wull Ah!' koa Finlay.
  'Whit mey pass withïn this boo'r'
  ('Lit ït pass!' koa Finlay!)
  'Yi mun coanceal tull yur last oor'—
  'Ïndeed wull Ah!' koa Finlay.

IN SIMMER, WHEN THE HAY WAS MAWN
  ÏN SÏMMUR, WHUN THE HEY WIS MAUN

1 Ïn sïmmur whun the hey wis maun
  Un coarn wave't green ïn ïlka feel,
  While claver blims white owre the ley,
  Un roses blaw ïn ïlka beel,
  Bleythe Bessie ïn the mïlkin sheel
  Siz:- 'Ah'll be waad, come o't whit wull!'
  Oot spak a dame ïn runkult eel;-
  'O' gid udveissmunt comes nae ull.

2 'Ït's yi hae oours munny yin,
  Un lassie, yi're bit young, yi ken!
  Than wait a wee, un caunnie wale
  A rowthie butt, a rowthie ben.
  There Joannie o' the Buskie-Glen,
  Foo ïs hïs baurn, foo ïs hïs byre.
  Tak thïs fae me, mah boanie hen:
  Ït's beets the löver's fire!'

3   'Fur Joannie o' the Buskie-Glen
       Ah dinna care a sing-ul flee:
       He looz sae weel hïs craps un kye,
       He his nae löv tae spare fur me.
       Bit bleythe's the blïnk o' Roabie's ee,
       Un weel Ah waat he looz mi dear:
       Yae blïnk o' hïm Ah widnay gie
       Fur Buskie-Glen un aw hïs gear.'

4   'O thoachtluss lassie, life's a faucht!
       The caunniest gate, the strife ïs sair.
       Bit ey foo-haun't ïs fechtin best:
       A hung-ry care's un unca care.
       Bit some wull spen, un some wull spare,
       Un wullfa folk mun hae thur wull.
       Syne as yi brew, mah maidun fair,
       Keep mine thut yi mun drïnk the yull.'

5   'O, gear wull buy mi rïgs o laun,
       Un gear wull buy mi sheep un kye!
       Bit the tennur hert o' leesome löv
       The gowd un sullur canna buy!
       We mey be pair, Roabie un Ah;
       Lïcht ïs the burden löv lays oan;
       Coantent un löv brïngs peace un jey:
       Whit mair hae Queens upoan a throne?'

SHE'S FAIR AND FAUSE
                     SHI'S FAIR UN FAUSE

1   Shi's fair un fause thut causes mah smert;
       Ah lood hur muckle un lang;
       Shi's broken hur voo, shi's broken mah hert;
       Un Ah mey een gae hang.
       A kif cam ïn wi rowth o' gear,
       Un Ah hae tïnt mah dearest dear;
       Bit wummun ïs bit waurl's gear,
       Sae lit the boanie lass gang!

2   Whaw-eer yi be thut Wummun löv,
    Tae thïs be nïvvur blin;
    Nae ferlie 'tïs, tho' fïckle shi priv,
    A wummun his't bi kine.
    O wummun lovely, wummun fair,
    Un angel foarm's faun tae thy share,
    'Twid been owre muckle tae gien thee mair!
    Ah mean un angel mine.

O, AN YE WERE DEAD, GUIDMAN
            O UN YI WUR DEED GIDMAN

    chorus
    Sïng, roon uboot the fire wi a rung shi ran,
    Un roon uboot the fire wi a rung shi ran;-
    'Yur hoarns shull tie yi tae the staw,
    Un Ah shull bang yur hide, gidman!'

1   O, un yi wur deed, gidman,
    A green turf oan yur heed, gidman!
    Ah wid bestow mah weedahid
    Upoan a rantin Heelunman!

2   Thur's sax eggs ïn the pan, gidman,
    Thur's sax eggs ïn the pan, gidman:
    Thur's yin tae you, un twaw tae me,
    Un three tae oor Joan Heelunman!

3   A sheep-heed's ïn the pat, gidman,
    A sheep-heed's ïn the pat, gidman:
    The flesh tae hïm, the broo tae me,
    Un the hoarns bicome yur broo, gidman!

HAD I THE WYTE?
           HID AH THE WYTE?

1   Hid Ah the wyte? hid Ah the wyte?
       Hid Ah the wyte? shi bad mi!
       Shi watch't mi by the heekh-gate side,
       Un up the loan shi shaw't mi;
       Un whun Ah widnay ventur ïn,
       A coo-urd loon shi caw't mi!
       Hid Kïrk un State been ïn the gate,
       Ah'd lïchtit whun shi bad mi.

2   Sae craftilie shi tuk mi ben
       Un bad mi mak nae clatter:-
       'Fur oor ramgumshoakh, glum gidman
       Ïs owre uyoant the waattur.'
       Whaw-eer shull say Ah waantit grace
       Whun Ah dïd kïss un dawte hur,
       Lit hïm be plantit ïn mah place,
       Syne say Ah wis the fautur!

3   Cud Ah fur shame, cud Ah fur shame,
       Cud Ah fur shame rifais't hur?
       Un widna manhid been tae blame
       Hid Ah unkinely yaise't hur?
       He claw't hur wi the rïpplin-kame,
       Un blae un bliddy braise't hur-
       Whun sïc a husbaun wis fae hame,
       Whit wife bit wid excyaise't hur!

4   Ah dïchtit ey hur een sae blue,
       Un baun't the cruel randy,
       Un eel Ah waat, hur wullin moo
       Wis sweet as sugarcandie.
       It gloamin-shoat, it wis, Ah wot,
       Ah lïchtit—oan the Monday,
       Bit Ah cam thro' the Teysday's dew
       Tae waantun Wullie's brandy.

YOUNG JAMIE
YOUNG JIMMY

1   Young Jimmy, pride o' aw the plain,
    Sae gaalunt un sae gey a swain,
    Thro' aw oor lasses he did rove,
    Un reign't resistluss Keeng o' Löv.

2   Bit noo, wi sikhs un stertin teers,
    Hi strays umang the wids un breers;
    Ur ïn the glens un roacky caves
    His cumplainin dowie raves:-

3   'Ah, whaw sae late dïd reinge un rove,
    Un cheinge't wi ïvvry min mah löv—
    Ah little thoacht the time wis near
    Ripentunce Ah shid buy sae dear.

4   'The slïchtit maids mah toarmunts see,
    Un laakh it aw the pangs Ah dree;
    While she, mah cruel, scoarnfa Fair,
    Furbïds mi eer tae see hur mair.'

THE LASS O' ECCLEFECHAN
THE LASS O' ECCLEFECHAN

1   'Gat yi me, O, gat yi me,
    Gat yi me wi naethin?
    Roack un reel, un spïnnin wheel,
    A muckle quarter basin:
    Bye uttoor, mah gutchur his
    A heekh hoose un a laikh yin,
    Aw furbye mah boanie sel,
    The toass o' Ecclefechan!'

2   'O, haud yur tongue noo, Lucky Lang,
　　　　O, haud yur tongue un jaunnur!
　　　　Ah held the gate tull you Ah met,
　　　　Syne Ah bigan tae waunnur:
　　　　Ah tïnt mah whussul un mah sang,
　　　　Ah tïnt mah peace un pleezhur;
　　　　Bit yur green graff, noo Lucky Lang,
　　　　Wid airt mi tae mah treezhur.'

THE COOPER O' CUDDY
THE COOPER O' CUDDY

chorus
Wuh'll hide the cooper uhïnt the door,
Uhïnt the door, uhïnt the door,
Wuh'll hide the cooper uhïnt the door
Un cover hïm unner a maun, O.

1   The Cooper o' Cuddy cam here uwaw,
　　　　Hi caw't the gïrrs oot owre us aw,
　　　　Un oor gidwife his goatten a caw,
　　　　Thut's ang-urt the sully gidman, O.

2   Hi soacht thum oot, hi soacht thum ïn,
　　　　Wi 'Deel hae hur! un Deel hae hïm!
　　　　'Bit the buddy he wis sae deitit un blin,
　　　　He wïstnay whaur hi wis gaun, O.

3   They cooper't at een, they cooper't at moarn,
　　　　Tull oor gidman his goatten the scoarn:
　　　　Oan ilka broo shi's plantit a hoarn,
　　　　Un sweers thut there they sall staun, O.

O, WAT YE WHA'S IN YON TOWN
O, WAAT YI WHAW'S ÏN YOAN TOON

    chorus
    O, waat yi whaw's ïn yoan toon
    Yi see the eenin sun upoan?
    The dearest maid's ïn yoan toon
    Thut eenin sun ïs shinin' oan!

1   Noo haply doon yoan gey green shaw
    Shi waunnurs by yoan spreedin tree,
    Hoo blist yi floo'rs thut roon hur blaw!
    Yi catch the glances o' hur ee.

2   Hoo blist yi burds thut roon hur sïng,
    Un waalcum ïn the blimmin year!
    Un doobly waalcum be the Sprïng
    The season tae mah Jeanie dear!

3   The sun blïnks bleyth ïn yoan toon,
    Umang the brimmy braes sae green;
    Bit mah dilïcht ïn yoan toon,
    Un dearest pleezhur,ïs mah Jean.

4   Withoot mah Löv, no aw the chairms
    O' Paradise cud yeel mi jey;
    Bit gie me Jeanie ïn mah airms,
    Un waalcum Laplun's dreary sky!

5   Mah cave wid be a löver's boo'r,
    Tho' ragin' Wïnter rent the air,
    Un she a lovely lïttle floo'r,
    Thut Ah wid tent un shelter there.

6   O, sweet ïs she ïn yoan toon
    The sïnkin sun's gane doon upoan!
    A fairer thun's ïn yoan toon
    Hïs settin' beam neer shone upoan.

7   If ang-ry Fate be swoarn mah fae,
      Un suff'rin Ah um doom't tae beer,
      Ah'd careluss quaat oacht else ubloa,
      Bit spare, O, spare me Jeanie dear!

8   Fur, while life's dearest blid ïs waarm,
      Yae thoacht fae hur sall neer dipairt,
      Un she, as fairest ïs hur foarm,
      Shi his the truest, kinest hert.

LOVELY POLLY STEWART
LOVELY POALLY STEWURT

    chorus
    O lovely Poally Stewurt,
    O chairmin Poally Stewurt,
    Thur's neer a floo'r thut blims ïn Mey,
    Thut's hauf sae fair as thoo urt!

1   The floo'r ït blaws, ït fades, ït faws,
      Un airt cin neer renew ït;
      Bit Worth un Trith eternal yith
      Wull gie tae Poally Stewurt!

2   Mey he whaus airms sall faul thy chairms
      Possess a leal un true hert!
      Tae hïm be geein tae ken the heevin
      Hi grasps ïn Poally Stewurt!

BANNOCKS O' BEAR MEAL
BANNUCKS O' BEER MAIL

    chorus
    Bannucks o' beer mail,
    Bannucks o' baurly,
    Here's tae the Heelunman's
    Bannucks o' baurly!

1   Whaw ïn a brulyie
    Wull furst cry 'a paurly'?
    Nïvvur the lauds
    Wi bannucks o' baurly!

2   Whaw, ïn his wae days,
    Wur loyal tae Chairlie?
    Whaw bit the lauds
    Wi the bannucks o' baurly!

THE TAILOR
THE TEILUR

1   The teilur he cam here tae shoo,
    Un weel hi kent the wey tae oo,
    Fur ey hi pree't the lassie's moo,
    As he gaed but un ben, O.
    Fur weel he kent the wey, O,
    The wey, O, the wey, O
    Fur weel he kent the wey, O,
    The lassie's hert tae wïn, O.

2   The teilur rase un shuk hïs duds,
    The flaiz they flew uwaw ïn cluds!
    Un thaim thut stey't gat fearfa thuds—
    The Teilur pröv't a man, O!
    Fur noo ït wis the gloamin!
    The gloamin, the gloamin!
    Fur noo ït wis the gloamin,
    Whun aw the rest ur gaun, O.

THERE GROWS A BONIE BRIER-BUSH
THUR GROWES A BOANIE BREEUR-BUSS

1   Thur growes a boanie breeur-buss ïn oor kail-yaird,
Thur growes a boanie breeur-buss ïn oor kail-yaird;
Un ubloa the boanie breeur-buss thur's a lassie un a laud,
Un they ur busy coortin ïn oor kail-yaird.

2   Wuh'll coort nae mair ubloa the buss ïn oor kail-yaird,
Wuh'll coort nae mair ubloa the buss ïn oor kail-yaird:
Wuh'll uwaw tae Athole's green, un there wuh'll no be seen,
Whaur the trees un the brainshes wull be oor safe-gaird.

3   Wull yi gae tae the dancin' ïn Carlyle's haw?
Wull yi gae tae the dancin' ïn Carlyle's haw,
Whaur Sanny un Nancy Ah'm shair wull dïng thum aw?
Ah wïnna gang tae the dance ïn Carlyle-haw!

4   Whit wull Ah dae fur a laud whun Sanny gangs uwaw!
Whit wull Ah dae fur a laud whun Sanny gangs uwaw!
Ah wull uwaw tae Aidinburra, un wïn a pennie fee,
Un see un oanie laud wull fancy me.

5   He's comin' fae the noarth thut's tae mairry me,
He's comin' fae the noarth thut's tae mairry me,
A feather ïn hïs bunnit un a rïbbun it hïs knee—
He's a boanie, boanie lauddie, un yoan be he!

HERE'S TO THY HEALTH
HERE'S TAE THY HEALTH

1   Here's tae thy health, mah boanie lass!
Gid nïcht un jey be wi thee!
Ah'll come nae mair tae thy boo'r-door
Tae tell thee thut Ah loo thee.
O, dinna thïnk, mah pretty pïnk,
Bit Ah cin leeve withoot thee:
Ah voo un sweer Ah dinna care
Hoo lang yi luk uboot yi!

2   Thoo'rt ey sae free infoarmin me
     Thoo hist nae mine tae mairry,
     Ah'll be as free infoarmin thee
     Nae time hae Ah tae tairry.
     Ah ken thy freens try ilka means
     Fae waadluk tae dilay thee
     (Dipendin oan some heekhur chance),
     Bit foartin mey bitray thee.

3   Ah ken they scoarn mah low estate,
     Bit thut diz nïvvur grieve me,
     Fur Ah'm as free as oanie he-
     Smaw sullur wull rilieve me!
     Ah'll coont mah health mah greatest waalth
     Sae lang as Ah'll injey ït.
     Ah'll fear nae scant, Ah'll bode nae waant
     As lang's Ah git impleymunt.

4   Bit faur aff fools hae feathurs fair,
     Un, ey untul yi try thum,
     Tho' they seem fair, stull hae a care—
     They mey priv as bad as Ah um!
     Bit at twaal at nïcht, whun the min shines brïcht,
     Mah dear Ah'll come un see thee,
     Fur the man thut löves hïs mïstruss weel,
     Nae traivul maks hïm weary.

STEER HER UP
                    STEER HUR UP
1   O, steer hur up, un haud hur gaun—
     Hur mither's it the mull, jo,
     Un gïn shi winna tak a man,
     Een lit hur tak hur wull, jo.
     Furst shore hur wi a gentle kïss
     Un caw unither jull, jo
     Un gïn shi tak the thïng umiss,
     Een lit hur flyte hur fuhl, jo.

2   O, steer hur up, un be na blate,
      Un gïn shi tak ït ull, jo,
      Than leave the lassie tull hur fate,
      Un time nae lang-ur spïll, jo!
      Neer brek yur hert fur yae reböt,
      Bit thïnk upoan ït stull, jo,
      Thut gïn the lassie winna dae't,
      Yï'll fun unithur wull, jo.

O, GUID ALE COMES
              O, GID YULL COMES

    chorus
    O, gid yull comes, un gid yull gaes,
    Gid yull gaurs me sell mah hose,
    Sell mah hose, un pawn mah shin—
    Gid yull keeps mah hert ubin!

1   Ah hid sax owsen ïn a pyukh,
      Un they drew aw weel inyukh:
      Ah sell't thum aw jist yïn bi yïn—
      Gid yull keesr the hert ubin!

2   Gid yull hauds mi bare un busy,
      Gaurs mi möp wi the sairvunt hizzie,
      Staun ï the still whun Ah hae din—
      Gid yull keeps the hert ubin!

ROBIN SHURE IN HAIRST
              ROABIN SHÖR ÏN HAIRST

    chorus
    Roabin shör ïn hairst,
    A shör wi um:
    Feent a hyuck hid Ah,
    Yit Ah stack wi um.

1   Ah gaed up tae Dunse
      Tae waarp a waab o' pleidun,
      It hïs daadie's yett

Whaw met me bit Roabin!

2 Wisnay Roabin baul,
Tho' Ah wis a coattur?
Play't mi sïc a trïck,
Un me the Ellur's doachtur!

3 Roabin proamiss't me
Aw mah wïntur vïttul
Feent hait he hid bit three
Göss feathers un a whïttul!

MY LORD A-HUNTING
MAH LOARD U-HUNTIN

chorus
Mah leddy's goon, thur's gairs upoan't,
Un gowden floo'rs sae rare upoan't;
Bit Jenny's jïmps un jïrkinet,
Mah loard thïnks muckle mair upoan't!

1 Mah loard u-huntin he ïs gane,
Bit hoons ur hawks wi hïm ur nane;
By Coalin's coattidge lies hïs game,
Ïf Coalin's Jenny be it hame.

2 Mah leddy's white, mah leddy's rid,
Un kïth un kïn o' Cassuls' blid;
Bit hur ten-pun launs o' toakhur gid
Wur aw the chairms hïs loardshïp lood.

3 Oot owre yoan mair, oot owre yoan moass,
Whaur goar-coacks thro' the heather pass,
There woans aul Coalin's boanie lass
A lïly ïn a wïlderness.

4 Sae sweetle move hur jenty lïmbs,
Lik maisic notes o' lövers' hïms!
The diamund-dew ïn hur een sae blue,
Whaur laakhin löv sae waantun swïms!

5   Mah leddy's dink, mah leddy's drest,
      The floo'r un fancy o' the waast;
      Bit the lassie tae mak him best,
      O, thut's the lass tae mak him blist!

MEG O' THE MILL
MEG O' THE MULL

1   O, ken yi whit Meg o' the Mull his goattun?
     Un ken yi whit Meg o' th Mull his goattun?
     A braw new naig wi the tail o' a roattun
     Un thut's whit Meg o' the Mull his goattun!

2   O, ken yi whit Meg o' the Mull loos dearly?
     Un, ken yi whit Meg o' the Mull loos dearly?
     A dram o' gid strunt in a moarnin early.
     Un thut's whit Meg o' the Mull loos dearly

3   O, ken yi hoo Meg o' the Mull wis mairrit?
     Un, ken yi hoo Meg o' the Mull wis mairrit?
     The priest he wis oaxtur't, the clerk he wis cairrit,
     Un thut's hoo Meg o' the Mull wis mairrit!

4   O, ken yi hoo Meg o' the Mull wis beddit?
     Un, ken yi hoo Meg o' the Mull wis beddit?
     The grim gat sae foo hi fell aw-waul biside it,
     Un thut's hoo Meg o' the Mull wis beddit!

O, LAY THY LOOF IN MINE, LASS
O, LAY THY LIFF IN MINE, LASS

    chorus
    O, lay thy liff in mine, lass,
    In mine, lass, in mine, lass,
    Un sweer oan thy white haun, lass,
    Thut thoo wult be mah ain!

1   A slave tae Love's unboonit swey,
    He aft his roacht mi deedly wae;
    Bit noo he is mah deedly fae,
    Unless thoo be mah ain.

2   Thur's munny a lass his broke mah rest,
    Thut fur a blink ah hae lood best;
    Bit thoo urt queen within mah breest,
    Fur ïvvur tae rimain.

A LASS WI' A TOCHER
          A LASS WI A TOAKHUR

    chorus
    Than hey fur a lass wi a toakhur,
    Than hey fur a lass wi a toakhur,
    Than hey fur a lass wi a toakhur,
    The nice yella geenies fur me!

1   Uwaw wi yur witchcraft o' Beauty's ulairms,
    The slennur bit beauty yi graisp in yur airms!
    O, gie mi the lass thut his acres o' chairms!
    O, gie mi the lass wi the weel-stoakit ferms!

2   Yur Beauty's a floo'r in the moarnin thut blaws,
    Un withurs the festur the festur it growes;
    Bit the rapturous chairm o' the boanie green knowes,
    Ilk spring thuh're new deckit wi boanie white yowes!

3   Un een whun this Beauty yur boazum his blist,
    The brichtist o' Beauty mey cloay whun poassest;
    Bit the sweet, yella daurlins wi Joardie imprest,
    The lang-ur yi hae thum, the mair thuh're carest!

176

O, LET ME IN THIS AE NIGHT
O, LIT MI ÏN THÏS YAE NÏCHT

    chorus
    O, lit mi ïn thïs yae nïcht,
    Thïs yae, yae, yae nïcht,
    O, lit mi ïn thïs yae nïcht,
    Un rise, un lit mi ïn!

1   O lassie, ur yi sleepin yït,
    Ur ur yi waukin, ah wid wït?
    Fur löv his boon mi haun un fit,
    Un Ah wid fain be ïn, jo.

2   Thoo hear'st the wïnter wïn un weet:
    Nae staur blïnks thro' the drivin' sleet!
    Tak peety oan mah weary feet
    Un sheel mi fae the rain, jo.

3   The bïttur blast thut roon mi blaws,
    Unheedit howls, unheedit faws:
    The caulniss o' thy hert's the cause
    O' aw mah care un pine, jo.

HER ANSWER

    chorus
    Ah tell yi noo thïs yae nïcht,
    Thïs yae, yae, yae nïcht,
    Un yince fur aw thïs yae nïcht,
    Ah wïnna lit yi ïn, jo.

1   O, tell me no o' wïn un rain,
    Upbraid no me wi caul disdain,
    Gae back the gate yi cam ugain,
    Ah wïnna lit yi ïn, jo!

2   The snellist blast ut mïrkist oors,
    Thut roon the pathluss waunurur poors
    Ïs noacht tae whit pair she indures,
    Thut's trustit faithluss man, jo.

3   The sweetest floo'r thut deck't the mead,
    Noo troaddun lik the vilest weed—
    Lit sïmple maid the lesson read!
    The weird mey be hur ain, jo.

4   The burd thut chairm't hïs sïmmur day,
    Un noo the cruel foolurs prey,
    Lit thut tae wïtluss wummun say;—
    'The gratefa hert o' man,' jo.

MEG O' THE MILL 2

MEG O' THE MULL
(Second Set)

1   O, ken yi whit Meg o' the mill his goattun?
    Un, ken yi whit Meg o' the mull his goattun?
    Shi's goattun a kiff wi a claute o' sullur,
    Un broken the hert o' the baurly mullur!

2   The mullur wis strappin, the mullur wis ruddy,
    A hert lik a loard, un a hue lik a leddy,
    The laird wis a widdifa, bleerit knurl—
    Shi's left the gid faala, un taen the churl!

3   The mullur, he hecht hur a hert leal un lövin',
    The laird did uddress hur wi maittur mair movin':
    A fine pacing-hoarse wi a clear cheinit bridle,
    A whup bi hur side, un a boanie side saiddle!

4   O, wae oan the sullur—ït ïs sae privailin'!
    Un wae oan the löv thut ïs fïx't oan a mailun!
    A toakhur's nae word ïn a true löver's parl,
    Bit gie me mah löv un a fïg fur the waurl!

A BARD'S EPITAPH
A BAURD'S EPITAPH

1   Is thur a whim-inspire-it fill,
    Owre fast fur thoacht, owre hoat fur rill,
    Owre blate tae seek, owre prood tae snill?-
    Lit him draw near;
    Un owre this gressy haip sing dill,
    Un drap a tear.

2   Is th'r a Baurd o' rustic sang,
    Whaw, noteluss, steals the croods umang,
    Thut weekly this aireea thrang?—O, pass no by!
    Bit wi a frater-feelin' strang,
    Here, heave a sikh.

3   Is thur a man, whause judgment clear
    Cin ithers teach the coorse tae steer,
    Yit rins, himsel, life's mad career
    Wild as the wave?—
    Here pause—un, thro' the stertin tear,
    Survey this grave.

4   The pair inhabitant ubloa
    Wis quick tae learn un weiss tae know,
    Un keenly felt the freenly glowe
    Un soaftur flame;
    Bit thoachtluss foallies laid him low,
    Un stain't his name.

5   Reader, utten! whither thy sowle
    Soars Fancy's flichts uyoant the pole,
    Ur daurklin grubs this yirdly hole
    In laikh pursit;
    Know, prudent, kaishus, self-control
    Is wisdum's rit.

LET LOVE SPARKLE
LIT LÖV SPARKLE

Ithers seek they kenna whit,
Feeturs, cairridge un aw thït;
Gie me löv ïn hur Ah coort—
Löve tae löve maks aw the spoart.

Lit löve sperkle ïn hur ee,
Lit hur loo nae man bit me:
Thut's the taokhur gid Ah prize,
There the löver's treezhur lies.

ONE NIGHT AS I DID WANDER
YIN NÏCHT AS AH DID WAUNNUR

Yin nïcht as Ah did waunnur,
Whun coarn begïns tae shit,
Ah sat mi doon tae paunnur
Upoan an aul tree-rit:
Aul Ayr ran by Ufoar mi, Un bïckurt tae the seas;
A cushie croodit owre mi,
Thut echoed thro' the trees.